国家古籍整理出版专项经费资助项目

皇 帝 的 课 本

# 观照孔夫子

## 圣迹全图赏析

[清] 于敏中◎绘　东耳◎译注

故 宫 出 版 社

# 出版前言

故宫博物院藏书以流传有绪的清代宫中旧藏为主要特色。其渊源可上溯至宋元，风格特色鲜明。虽因历史原因在大陆、台湾等地多有流散，但仍荟萃了明清时期诸多珍稀精品。《故宫博物院藏内府珍本》即是从这些精品中选取凝结中国传统文化精粹内容的代表性著作，以影印形式整理、编辑、出版的一套丛书。

《皇帝的课本》为 2013 年“国家古籍整理出版资助项目”——《故宫博物院藏内府珍本》（第一辑）的点读、注释版本。将其中有关皇帝、皇子教育方面的经典教材整理汇编，精美图片原版影印，文字部分在句读的基础上加以白话注释而推出的一套丛书。我们采用了串讲通解、配原图并注的形式，为当今读者提供了阅读理解上的便利。《皇帝的课本》现推出五种，即《当顺治遇上老子——御注道德经赏析》《观照孔夫子——圣迹全图赏析》《皇帝是这样炼成的——帝鉴图说赏析》《今天你养正了吗——养正图解赏析》《加油吧太子——承华事略赏析》。

本丛书所选版本文字与当代通行本或有差异，图像质量则明显优于新近常见版本，为当今读者稀见或首见。《御注道德经》字形丰满，笔划清晰，刻法精工，边框齐整。《圣迹全图》是清代翰林词臣于敏中进献乾隆皇帝的写绘袖珍本，图画隽雅传神，题画文字娟秀清丽，功力非凡，不失为我国清代绘画书法艺术的上品，具有较高的艺术价值和学术研究价值。《帝鉴图说》书中的插图仿明代风格，线条简单，轮廓清晰，朴拙中带有几分稚趣，可爱又不失传神，兼具欣赏性和收藏性。《养正图解》由明代著名画家丁云鹏绘图，绘刻精细，古趣盎然。《钦定元王恽承华事略补图》为清徐郙、李文田补图与校订，版画仿顾恺之仕女画及汉代画像石风格，镌刻线条流畅细致。

此五种图书，都是清代内府刻本，刻印数量有限，甚至是当今所见的孤本。是供清代皇室或由皇帝诏令颁发到一定品级官员阅览的珍本，创作的意图，多是对皇室和高级官员宣扬中国古代传统文化精粹和为其提供借鉴的“教材”。《御注道德经》是清代入关皇帝顺治帝熟读汉文化经典《道德经》之后的感悟。《圣迹全图》以传颂孔子生平事迹为主要内容，专供乾隆皇帝闲暇时阅览。《帝鉴图说》是供当时年仅十岁的小皇帝——明神宗（万历皇帝）阅读的教科书。《养正图解》是焦竑在任皇子讲官时，为教导皇长子朱常洛承续封建道统而采录编选的一部伦理著作。《承华事略》是王恽将前代贤良有为的太子和其老师对他们的教诲事迹整理成章（也有太子玩物丧志的反面教材），于至元十八年进呈给太子，意在劝勉太子效法古人，以成明君的著作。

中国古人著书，十分注重图的作用，固有以图证史之说，且将“图”、“书”并称。图绘形象直观，文字抽象曲现，二者相辅相成。这种图文并茂的表述方式一直流传至今，以至进入了现在的读图时代。希望我们这套丛书的出版，在带领读者以现代的视角去领略古籍时尚之美的同时，能直观了解中国古代皇室所受教育中的精华，有利于现今社会风气的“见贤思齐”。

故宫出版社
2013 年 7 月

# 引 言

孔子（公元前 551 ~公元前 479 年）是春秋时期的著名思想家、教育家和政治家，儒家学派创始人。名丘，字仲尼。生于鲁国陬县（今山东曲阜）。先世为宋国贵族。父叔梁纥为鲁国大夫。孔子少时贫贱，做过乘田委吏。曾热衷于政治活动，先后适齐仕鲁，周游列国。除在鲁任过短期司寇并摄行相事三个月外，一生未得重用。晚年致力于教育和著述。相传有弟子三千，其中著名者七十余人。据载，曾整理六经，删定《春秋》。《论语》一书为其与弟子等人的言谈记录。鉴于当时天下纷争的局面，提出以“仁”为中心的政治和伦理思想，主张“己所不欲，勿施于人”，提出“不患寡而患不均，不患寡而患不安”。教育上主张“有教无类”，因材施教。自西汉以来，其学说倡为两千年以来中国封建文化的正统，其人被加以“大成至圣先师”和“万代师表”等称号。

“圣迹图”，即孔子生平图传，在历史上经历了一个渐次完整的过程。汉魏和唐宋时期已有反映孔子形象的画像，至于较为完整的孔子事迹图，有宋代孔津的《孔圣图》三卷。明清两朝的数百年间，“圣迹图”已成为一种绘画专题，甚至有了较为定型的图谱。书中所采择的孔子故事、材料，多来源于《论语》和《史记》。不同历史时期，《圣迹图》在版面内容和绘制手段上呈现出不同样式，计有木刻本、彩绘本、石刻本等多种版式。

清宫藏《圣迹全图》系清乾隆十二年（1747 年）于敏中写绘袖珍本。不分卷。开本纵 11.2 厘米，横 7.8 厘米，画心纵 8.2 厘米，横 13 厘米。二函四册。经折装。每册 28 图，全书 112 图。函套并书衣均为织锦质。每册图文前后有洒金龙纹图文扉页，正文为绢地作画。半页为半幅画，左右半页对合为一图。图中上部或左或右配有说明文字，行数字数不等。首页绘至圣小像，然后依次介绍孔子名丘的来历、诞生之时的祥瑞之兆、童年的聪慧、求学中的不耻下问、对帝子的循循善诱、周游列国宣传儒家思想、逝世后历代帝王对他的尊崇等内容，主体反映了孔子一生的言行事迹，即所谓“圣迹”。

据《清史稿》记载，于敏中（1714 ~ 1779 年）字叔子，一字重棠，号耐圃，江苏金坛人。少时资性过人，读书勤奋。雍正七年（1729 年）考取举人。乾隆三年一甲一名进士，授翰林院修撰，以文受高宗知遇。累迁侍讲，典山西乡试，督山东、浙江学政。十五年，值上书房。官至文华殿大学士兼军机大臣。在乾隆朝为汉臣首揆执政最久者。于敏中擅长翰墨，书风近董其昌，是当时颇有影响的书法家。《圣迹全图》即是他在首次担任山东学政时期所作，是进献乾隆皇帝的书画作品。

《圣迹全图》墨笔绘图，蝇头小楷精写，体现出清代翰林词臣高深的文化艺术素养。而书籍函套的用料装饰考究，做工精细，美轮美奂，体现了清代宫廷抄本书至高无上的工艺水平、端庄典雅的审美特色。既是孤本书，又是艺术珍品，也是临池难得的范本。

白帕皛
2013 年 7 月

# 目　录

# 圣迹全图赏析

## 至圣小像

孔子在人们心目中的形象大致有民间、皇家、官方、儒家等五六类。因此，不同国家的人有自己不同的孔子形象，美国人觉得他长了个大长脸，日本人认为他是一个小矮个。而山东省曲阜师范大学教授骆承烈搜集到的孔子像是二千余种。他说：实际上孔子是一个学者，咱们常见的孔子“行教像”就是学者像。孔子身穿袍服，头上梳着髻，拱着手，一副泰然自若、恭敬谦和的样子，人们就把这个当作真正的孔子像。

**图注：周灵王十九年，实鲁襄公二十年，圣母颜氏祷于尼邱，明年乃生。孔子生而首上圩，顶象尼邱，因以命名。**

**释读**：据《史记·孔子世家》记载，鲁襄公二十二年（公元前 551 年），孔子出生在鲁国昌平乡的陬邑。他的祖先是宋国人，叫孔防叔。防叔生伯夏，伯夏生叔梁纥（音禾）。叔梁纥年老时娶颜姓少女才生了孔子，那是他们到尼丘山向神明祷告后而得子的，又因孔子刚出生时头顶是凹下去的，恰似丘陵，所以就给他取名叫丘，字仲尼。仲，排行老二之意，因孔子有异母兄名孟皮。

周灵王十九年：即公元前 553 年。颜氏：据《礼记·檀弓》说，名征在。祷：祈祷，向神求福。首上圩（音为）：形容人头顶四周高，中间低，呈凹字形。圩：洼田四周的埂。

**图注：孔子未生时，有麒麟吐玉书于阙里，其文曰："水精之子，继衰周而为素王。"颜母异之，以绣线系麟角，信宿而去。**

**释读**：在中国古代社会观念里，大凡名贤哲后的人物，其出生必不同凡响，如大禹之幻化熊罴，刘邦之勇斩白蛇，清代学者纪晓岚的精怪托生，历代开国帝王的出生异相等等，不胜枚举，目的只有一个，就是彰显神圣。作为历代尊崇的万世师表的文圣人孔子的出生自然也不同凡响，因此在史书中就有了以上的说法：孔子出生前夕，阙里飞来一对口衔玉书的麒麟，其文曰："水精之子，继衰周而为素王。"颜母征在对此颇为惊异，剪了根彩色绣线系在麟角上，两天后麒麟离去了。神化手法，不足辩驳。

素王：旧称孔子有德无位，故称素王，也就是没有真正做过帝王的王。信宿：表示连住两夜。

**图注：鲁襄公二十二年十一月庚子，孔子诞生之辰，有二龙绕室，五老降庭。**

**释读**：公元前 551 年，孔子诞生。据说孔子诞生之时，颇有异象：有两条金龙降临产房，绕室而舞，还有五位老神仙降至庭院，前来迎接。

纯粹的神话手法。鲁襄公二十二年:即公元前 551 年。鲁襄公姓姬,名午，春秋时代鲁国的第二十二代君主，鲁成公之子，公元前 575 ~公元前 542 年在位。五老君是早期道教尊奉的五位天神，分别是东方安宝华林青灵始老君（简称青灵始老苍帝君）、南方梵宝昌阳丹灵真老君（简称丹灵真老赤帝君）、中央玉宝元灵元老君（简称元灵元老黄帝君）、西方七宝金门皓灵皇老君（简称皓灵皇老白帝君）、北方洞阴朔单郁绝五灵玄老君（简称五灵玄老黑帝君）。

**图注：颜母之房，闻钧天之乐，空中有声，云天感生圣子，降以和乐之音。故孔子生有异质，凡四十九表，胸有文曰："制作定世符。"**

**释读**：传说孔子诞生之时，产房中可以听到仙乐齐鸣，而且有声音说道：上天有感于圣人降生，特地颁降下美妙的音乐。所以，孔子生来不同凡人，身体有四十九处特别的地方，胸前还有文字写道："制作定世符。"

钧天：在古代神话传说中指天的中央。钧天之乐：指天上的音乐、仙乐，后形容优美雄壮的乐曲。例如，《异闻录·韦安道》就说："行百许步，复有大殿，上陈广筵重乐，罗列樽俎，九奏万舞，若钧天之乐。"四十九表：据《祖庭广记》记载，四十九表指反首，洼面，月角，日准，河目，海口，牛唇，昌颜，均颐，辅喉，骈齿，龙形，龟脊，虎掌，骈胁，参膺，圩项，山脐，林背，翼臂，窐头，隆鼻，阜陕，堤眉，地足，谷窍，雷声，泽腹，面如蒙倛，两目方相也，手垂过膝，眉有十二彩，目有二十四理，立如凤峙，坐如龙蹲，手握天文，足履度字，望之如仆，就之如升，修上趋下，末偻后耳，视若营四海，耳垂珠庭，其颈似尧，其颡似舜，其肩类子产，自腰以下，不及禹三寸，胸有文曰"制作定世符"，身长九尺六寸，腰六十围。摘自明张岱所著《夜航船》。

**图注：孔子为儿嬉戏，常陈俎豆，设礼容，与同戏群儿迥异，由是群儿化效，相与揖让，名闻列国。**

**释读**：据《史记·孔子世家》记载，孔子小时候就志向远大，热衷于学习礼乐制度，与小朋友一起做游戏时，常常摆起各种祭器，学做祭祀的礼仪动作，与一起游戏的小伙伴们表现迥然不同，由此，与他一起玩耍的伙伴们也受到感染，纷纷效法，相互见面时也很有礼貌。他们的作为很快就传遍了诸侯各国。

此五位天神，源于古代“五帝”传说。战国成书的《周礼·天官·大宰》云：祀五帝。唐贾公彦疏云：“五帝者，东方青帝灵威仰，南方赤帝赤熛弩，中央黄帝含枢纽，西方白帝白招拒，北方黑帝叶光纪。”两汉纬书《河图》云：“东方青帝灵威仰，木帝也；南方赤帝赤熛怒，火帝也；中央黄帝含枢纽，土帝也；西方白帝白招拒，金帝也；北方黑帝叶光纪，水帝也。”南宋道教学者金允中在论述五老君的存在时，以道教气说加以解释：“以理言之，莫若随五气之所寓而称，在天中则称五老上帝，在天文则称五帝座及五方五星，在神灵则称五方五帝，在山岳则称五岳圣帝，在人身则称五脏神君，岂不通理而易行？”

**图注：世传孔子七岁入晏平仲学。按：平仲治东阿，意或孔子蒙学之时，尝入平仲所设之乡学也。**

**释读**：据传说，孔子七岁的时候曾进入晏婴所办的学校学习。晏婴曾在东阿地方做官，很可能孔子所受的启蒙教育，曾经接受过晏婴所办的乡学教育。

晏婴（公元前 578 ~ 公元前 500 年）：字仲，谥平，习惯上多称平仲，又称晏子，夷维（今山东高密）人。春秋后期一位重要的政治家、思想家、外交家。晏婴是齐国上大夫晏弱之子。以生活节俭，谦恭下士著称。据说晏婴身材不高，其貌不扬，但机智聪明，出使各诸侯强国总不辱使命，并为齐国赢得声誉。《战国策》中有很多生动的描写。齐灵公二十六年（公元前 556 年），晏弱病死，晏婴继任为上大夫。

**图注：孔子既长，尝为季氏委吏，料量平。**

**释读**：据《史记·孔子世家》记载，孔子家境贫穷，社会地位低下。到长大之后，曾给季氏做过管理仓库的小吏以谋生，但他干一行爱一行，认真钻研，处事公正，因而出纳钱粮算得公平准确。

季氏是鲁桓公少子季友的后裔，春秋战国时鲁国的卿家贵族。作为三桓之首，季孙氏凌驾于公室之上，掌握鲁国实权。鲁国本是周朝的同姓诸侯国之一，姬姓，侯爵。周武王灭商，建立周朝后，封其弟周公旦于少昊之虚曲阜，是为鲁公。周公旦不去赴任，留下来辅佐武王，武王死后辅佐周成王。其子伯禽，即位为鲁公，而淮夷、徐戎作乱，伯禽作肸誓，平徐戎，正式定鲁。先后传二十五世，经三十六位国君，历时八百余年。国都曲阜，疆域主要在泰山以南，包括今山东省南部，以及河南、江苏、安徽三省之一部分。到鲁顷公二十四年（公元前 256 年），亡于楚。

委吏：古代管理仓库的小官。料：计算。量：量具。平：公平，精确。

**图注：孔子年十九娶于宋之亓官氏，一岁而生子，适鲁昭公以鲤鱼赐之，孔子荣君之贶，故因以名曰鲤，而字伯鱼。**

**释读**：据《孔子家语·本姓解》记载，孔子十九岁时（公元前 533 年，鲁昭公九年）娶宋国人亓官氏之女为妻，一年后亓官氏生子，鲁昭公曾派人送来鲤鱼表示祝贺，孔子感到能够获得君主的馈赠，十分荣幸，就给儿子取名为鲤，字伯鱼。次年，亓官氏去世。宋朝时期追封为郓国夫人，被儒家后世尊为圣母。如今孔庙中的寝殿，就是供奉孔子夫人亓官氏的专祠。孔子夫人在史书上称为“亓官氏”。

鲁昭公（公元前 560 ~ 公元前 510 年）：名姬裯（《史记》作“稠”），鲁襄公之子，母齐归。鲁国第二十四代君主。公元前 542 年即位，公元前 517 年，鲁昭公伐季孙氏（季平子）失败，逃到齐国的郓地，后辗转至晋国的乾侯，晋国欲使昭公返回鲁国，而鲁国始终不接纳他，最终于公元前 510 年死于晋地乾侯，终年五十一岁。

**图注：孔子尝为司职吏，而畜蕃息。**

**释读**：孔子年轻时也曾担任过管理牧场的小吏，由于忠于职守，用心呵护，因而所管牲畜蕃息兴旺。

根据大多数学者的研究，孔子做司职吏是在公元前531年，即周景王十四年，鲁昭公十一年，时孔子二十一岁。《孟子·万章下》中说：孔子尝为委吏矣，曰:会计当而已矣。尝为乘田矣，曰:牛羊茁壮长而已矣。赵岐注：“乘田，苑囿之吏也，主六畜之刍牧者也。”后用以指小吏。

司职吏：管理牧场的小官吏。畜蕃息：牲畜繁殖兴旺。

**图注：孔子之仕于鲁也，鲁人猎较，孔子亦猎较。**

**释读**：据《孟子·万章下》记载，孔子在鲁国做官能够和众随俗，鲁国人有猎较的习俗，把争夺猎物作为祭祀品，视为很吉祥的事情，讲究礼让的孔子并不以为是悖理之事，也和大家一起从事猎较活动。

猎较，赵岐注："田猎相较夺禽兽，得之以祭，时俗所尚，以为吉祥。孔子不违而从之，所以小同于世也。"后因以表示和众随俗。

随俗：顺应时势，随从习俗。《陈书·姚察传》："时硕学名儒，朝端在位者，咸希上旨，竝即注同。"和众：使百姓和顺。唐黄滔《多宝塔碑记》上说："至如戢兵保土，安民和众之类，亦犹川陆之徂秦适洛焉。"清梅曾亮《赠林侍郎序》中有"然后能勤民急公，丰财和众，礼俗达而政教成"之句。

**图注：孔子尝助祭太庙，每事问，或曰："孰谓陬人之子知礼乎？入太庙，每事问！"子闻之，曰："是礼也。"**

**释读**：孔子曾经协助举办祭祀太庙之礼，他总喜欢向主祭官员咨询相关的礼仪。主祭官以为孔子不懂得相关的礼仪，就讥笑他说："谁说孔子懂得礼啊，参加太庙祭祀活动，却总是问东问西的！"孔子听说后，就严肃地说："这也是礼仪的一部分啊！"

如前所述，孔子小时候就志向远大，热衷于学习礼乐制度，与小朋友一起做游戏时，常常摆起各种祭器，学做祭祀的礼仪动作，遇到协助举办祭祀太庙、向主祭官员咨询相关的礼仪的机会，自然不会放过。不料主祭官员很不耐烦，自然要讥笑一番，而孔子的反应也很机智，把学习礼仪本身也看作应行的利益之一！

**图注：孔子少孤，不知其墓，殡于五父之衢，人之见之者，皆以为葬也。其慎也，盖殡也。问于陬曼父之母，然后得合葬于防。**

**释读**：据《史记·孔子世家》记载，孔子出生不久父亲叔梁纥就死了，被埋葬在防山。防山在鲁国东部，因此孔子无法确知父亲的坟墓在何处，是母亲没有把父亲埋葬的地方告诉他。孔子的母亲死后，孔子就把灵柩暂且停放在五父衢地方，人们看到后，以为孔子是把母亲葬于此地。实际上是孔子对此很慎重，暂时把母亲殡于那里，等到他从朋友曼父的母亲那里得知父亲葬在防山后，才把母亲的棺木送往防山与父亲合葬。

故事最早源于《礼记·檀弓》。五父衢：古道路名，故址在今山东曲阜县东南。防山位于曲阜市东面，有埋葬孔子父母及兄长的梁公林（又称启圣林），和孔子外祖家颜氏大型家族墓地颜林。

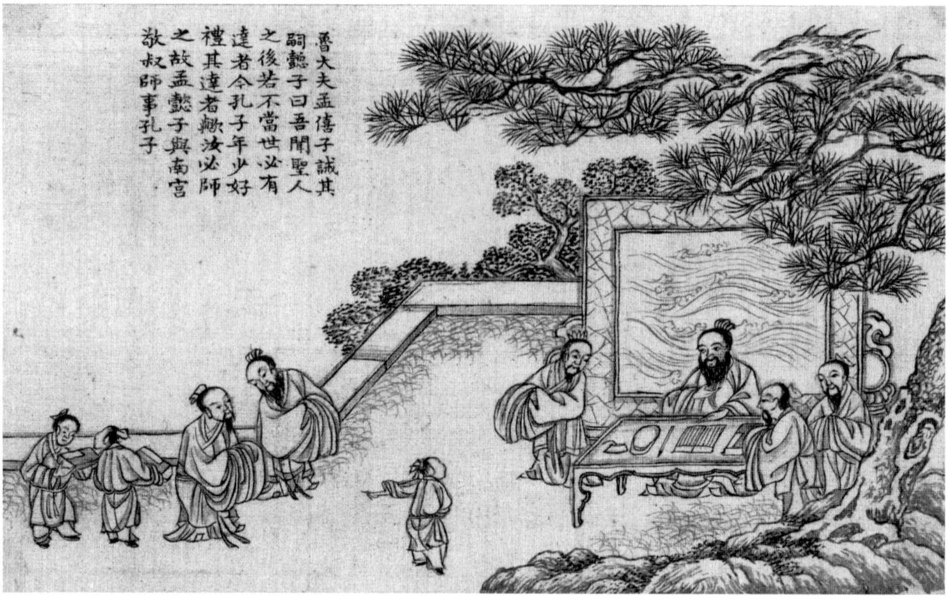


**图注：鲁大夫孟僖子诫其嗣懿子曰："吾闻圣人之后，若不当世，必有达者。今孔子年少好礼，其达者欤？汝必师之。"故孟懿子与南宫敬叔师事孔子。**

**释读**：据《史记·孔子世家》记载，鲁国大夫孟僖子曾告诉他的儿子孟懿子说："我听说过，圣人的后代，虽不一定做国君执政，但必定会有才德显达的人出现。如今孔子年少而好礼，难道他就是才德显达的人吗？你一定要以他为师。"所以，孟懿子与弟弟南宫敬叔很早就追随孔子学习了。

孟僖子（？～公元前 524 年）：姬姓，孟氏，名貜，谥僖。春秋后期鲁国司空，三桓之一，孟孝伯之子。曾随同鲁昭公出访楚国，途径郑国，到达楚国，皆不能以礼处理外交事务，深以为耻，遂发奋学习周礼。公元前 518 年，孟僖子临终之前，让儿子孟懿子、南宫敬叔都要将孔子作为老师。孟懿子（？～公元前 481 年）：名何忌，世称仲孙何忌，谥号懿；南宫敬叔：名阅或说，一名绦，谥敬。

**图注：孔子与南宫敬叔入周，问礼于老聃。朱子云："老子曾为周柱下史，知礼节文，所以问。"**

**释读**：公元前518年（周敬王二年），孔子曾经带南宫敬叔到周朝王城洛邑向老聃问礼。朱熹说："老子曾经做过周朝管理图书和记载历史的柱下史，精通前代的礼仪制度，所以孔子专门向老聃问礼。"

老子，又称老聃、李耳，春秋时期楚国苦县厉乡曲仁里人，曾经做过周朝管理图书和记载历史的柱下史，精通前代的礼仪制度，是我国古代伟大的哲学家和思想家，道家学派创始人，在道教中被尊为道祖。存世有《道德经》。

据《史记·孔子世家》记载，孔子师徒见到了老子。告辞时，老子送他们时说："我听说富贵的人用财物送人，品德高尚的人用言辞送人。我不是富贵的人，只能窃用品德高尚人的名号，用言辞为您送行。这几句话是：'聪明深察的人常常受到死亡的威胁，那是因为他喜欢议论别人的缘故；博学善辩识见广大的人常遭困厄危及自身，那是因为他好揭发别人罪恶的缘故。做子女的忘掉自己而心想着父母，做臣下的要忘掉自己而心存君主（就不会有危险了）。'"孔子从周回到鲁国之后，跟从他学习的弟子就渐渐多起来了。

**图注：孔子访乐于苌弘，既退，谓刘文公曰："吾观孔子有圣人之表，言必称先王，洽闻强记，博物不穷，其圣人之兴者乎？！"**

**释读**：孔子曾向苌弘请教过有关音乐的问题，孔子离开后，苌弘对身边的刘文正说："我观察孔子有圣人的气质，谈话总称赞前代的贤王，博闻强记，喜欢探究万事万物的道理，难道他就是即将出现的圣人吗？！"

苌弘亦作苌宏，字叔，又称苌叔。周景王、悼王、敬王时期的大臣刘文公所属大夫。刘氏与晋范氏世为婚姻，在晋卿内讧中，由于帮助了范氏，晋卿赵鞅为此声讨，苌弘被周人杀死。传说死后三年，其血化为碧玉。刘文公名狄，一名卷，又作蚠，字蹶。鲁昭公二十二年夏四月，周景王驾崩，刘文公、单穆公杀景王宠臣宾起，立景王长子猛为周悼王。毛伯得、尹文公、召庄公支持王子朝，驱逐周悼王、刘文公、单穆公，立王子朝为王。之后，刘文公、单穆公支持的周悼王的弟弟周敬王和毛伯得、尹文公、召庄公、召简公支持的王子朝，在王畿附近作战了三年，至鲁昭公二十六年冬，在晋国智文子跞、赵简子鞅的支持下，周敬王一方胜利，王子朝、毛伯得、尹文公逃到楚国。鲁定公四年三月，刘文公乘吴王阖闾攻打楚国之机，与苌弘、范献子谋划攻打楚国，在召陵会合诸侯。不久，刘文公去世。

**图注：孔子观乎明堂，有周公相成王，抱之负斧扆以朝诸侯之图，孔子徘徊望之，谓从者曰："此周之所以盛也。"**

**释读**：据《孔子家语》记载，孔子参观周王的明堂，看到四门墙上悬挂有贤君尧舜以及无道之君夏桀、商纣的画像，各现善恶之状，为的是时刻不忘兴废之诫。又有周公辅佐成王，抱之背靠斧扆，南面接见诸侯之图，由此可知，后世学者所谓周公曾代理天子之职，与事实失之甚远。孔子反复观察后，对陪同的人说："这就是周朝所以兴盛的原因啊。明亮的镜子能够反映出万物的形状，明察往事的人能够洞察现今的事情。如果作为人主不专心于安危存亡的道理，就好象往后退着走而想追上前面的人，岂不是令人奇怪的事情吗？"

明堂：古代帝王宣明政教的地方。凡朝会、祭祀、庆赏、选士、养老、教学等大典，都在此举行。斧扆：简称"扆"，也写作"依"，或称"斧依"、"屏扆"。古代庙堂户牖之间绣有斧形的屏风。《礼记·曲礼下》："天子当依而立，诸侯北面而见天子，曰觐。"古代天子坐处，在东西户牖之间所设的用具。状如屏风，高八尺，以绛为质，其上绣为斧文。起于周代。《逸周书·明堂解》："天子之位，负斧扆南面立。"

**图注：孔子观周，入后稷庙，右阶之前有金人焉，三缄其口而铭其背，孔子既读其文，顾谓弟子曰："此言实而中情而信，行身如是，岂以口过患哉！"**

**释读**：据《孔子家语》记载，孔子参观周朝的后稷庙，庙右阶之前有一金属人像，其背有四字铭文：三缄其口，孔子仔细阅读之后，回头对随从弟子说："此话言之实在中情，令人信服，人们如果能身体力行，怎么会担心言语过失呢！"

后稷：周代始祖，原名弃，母为姜嫄。出生后曾被抛弃荒原，受到百兽呵护，故名。因善于经营农业，曾经被尧举为"农师"，被舜命为后稷，掌管农业。稷原为谷物，为百谷之长，因此历代帝王供奉为谷神加以祭祀。由于中国古代社会是一个农业社会，因此在中国古代社会，社稷也成为国家政权的象征。

**图注：齐景公与晏婴适鲁，问孔子曰："昔秦穆公国小处僻，其霸何也？"对曰："秦国虽小，其志大；处虽僻，行中正，身举五羖，爵之大夫，与语三日，授之以政，以此取之，虽王可也。"景公说。**

**释读**：据《史记·孔子世家》记载，鲁昭公二十年（公元前522年），这时孔子大约三十岁。这一年，齐景公带着晏婴来到鲁国访问，景公趁机向孔子求教说："从前秦穆公国家规模小而又处于偏僻的地方，他却能够称霸诸侯，这是什么原因呢？"孔子回答说："秦国虽然规模很小，志向却很远大；所处地方虽然偏僻，但施政却很恰当。秦穆公了解虞国人百里奚是个治理国家的能人，亲自调用五张黑羊皮，将其从楚国的俘虏中赎出，授给他大夫的官爵，并在把他从拘禁中解救出来后，马上与他一连谈了三天的话，随后就把执政大权交给他了。用这种求贤若渴的精神来治理国家，就算是统治整个天下也是可以的，他当个霸主还算是小的呢。"景公听了很高兴。

齐景公是春秋后期的齐国君主，他的大臣中有相国晏婴、司马穰苴以及梁邱据等人。齐景公既有治国的壮怀激情，又贪图享乐。秦穆公一作秦缪公，名任好。春秋时代秦国国君，在位三十九年。谥号穆。春秋五霸之一。

**图注：孔子过泰山侧，有妇人哭而哀。夫子式而听之，使子路问之，曰："昔者吾舅死于虎，夫与子又死焉。"夫子曰："何为不去？"曰："无苛政。"子曰："小子识之，苛政猛于虎也。"**

**释读**：据《孔子家语》记载，大约在公元前 517 年，因鲁国内乱，孔子带着学生们前往齐国。路过泰山一侧时，看到有一老妇人在原野中哭得很伤心，孔子凭车仔细听了听，对学生们说："听哭声很悲痛，一定是有什么特别难过的事情。"于是派子贡前去打听一下。老妇人说："从前我的公爹曾被老虎所害，我的丈夫也被老虎所害，现在我的儿子又被老虎害死了！"子贡问道："既然如此危险，您为何不离开这里呢？"老妇人说："原因就在于这里无苛政。"子贡回来把所问情况告诉了孔子，孔子感慨地说："小子们一定要记住，苛政比凶猛的老虎还要可怕啊！"

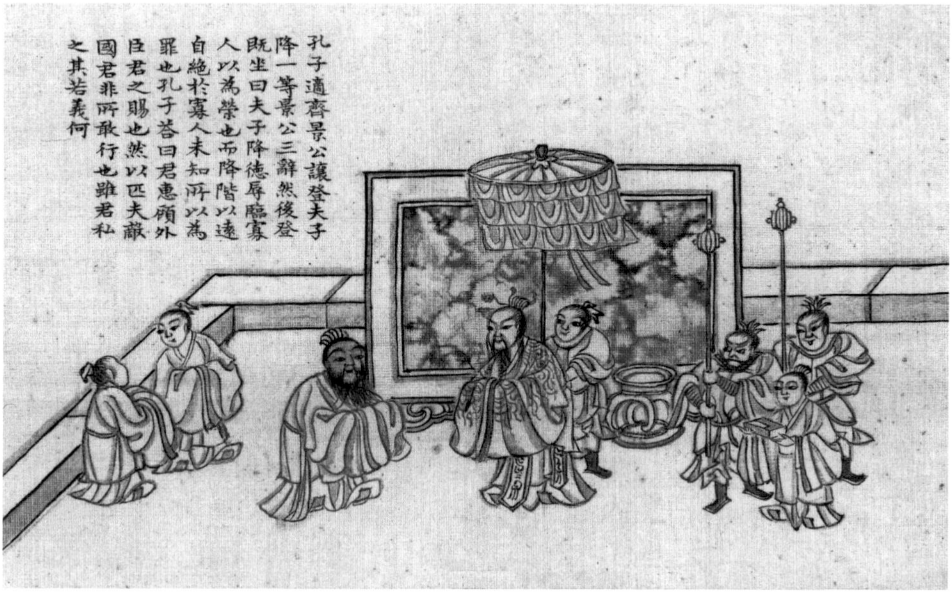


**图注：孔子适齐，景公让登，夫子降一等，景公三辞，然后登，既坐，曰："夫子降德辱临，寡人以为荣也，而降阶以远，自绝于寡人，未知所以为罪也？"孔子答曰："君惠顾外臣，君之赐也。然以匹夫敌国君，非所敢行也，虽君私之，其若义何！"**

**释读**：孔子带着学生们到达齐国，齐景公接见孔子时请孔子上座，孔子在远离景公的位子上坐了下来，宾主连续三请三辞，然后分别坐下来，落座后，齐景公不解地说："委屈夫子光临敝国，寡人感到无上荣幸，所以请您与寡人同座。而夫子宁愿坐在远离寡人的阶下，与寡人保持相当的距离，不知寡人如何得罪了夫子？"孔子回答说："君子厚爱外来臣子，这是君子的恩赐。然而以匹夫小人享有国君的待遇，不是匹夫小人所敢做的事情。虽然是君子出于对外来臣子的厚爱，却是不符合上下交往的礼仪啊！"

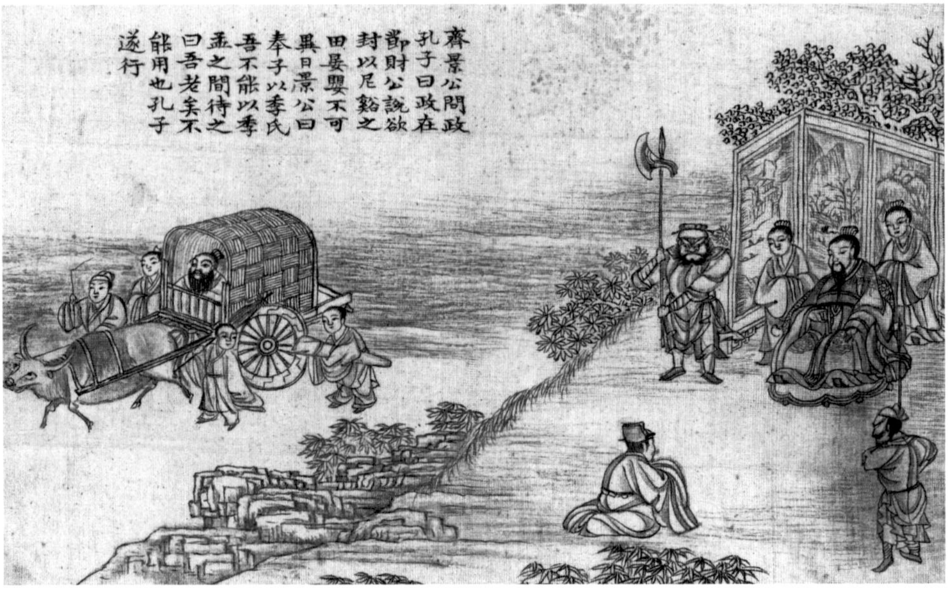


**图注：齐景公问政，孔子曰："政在节财。"公说，欲封以尼谿之田，晏婴不可。异日，景公曰："奉子以季氏，吾不能，以季孟之间待之。"曰："吾老矣，不能用也。"孔子遂行。**

**释读**：据《史记·孔子世家》等书记载，大约在公元前516年，孔子在齐国的时候，齐景公曾向孔子请教有关行政的问题。孔子回答说："国君要像个国君的样子，臣子要像个臣子的样子，父亲要像父亲的样子，儿子要像儿子的样子。"改日，景公又向孔子请教为政的道理，孔子说："管理国家最重要的是节约开支，杜绝浪费。"景公听了很高兴，打算把尼谿的田地封赏给孔子。晏婴不同意，劝阻说："儒者这种人，能说会道，是不能用法来约束他们的；他们高傲任性自以为是，不能任为下臣使用……您如果想用这套东西来改变齐国的风俗，恐怕这不是引导老百姓的好办法。"之后，齐景公虽然很有礼貌地接见孔子，可不再问起有关礼的问题了。有一天，景公慰留孔子说："用给季氏那样高的待遇给您，我做不到，所以只好用上卿季孙氏、下卿孟孙氏之间的待遇吧。"这时，齐国的大夫中有人想害孔子，孔子听到了这个消息。景公也对孔子说："我已年老了，不能用你了。"孔子于是离开齐国，返回了鲁国。

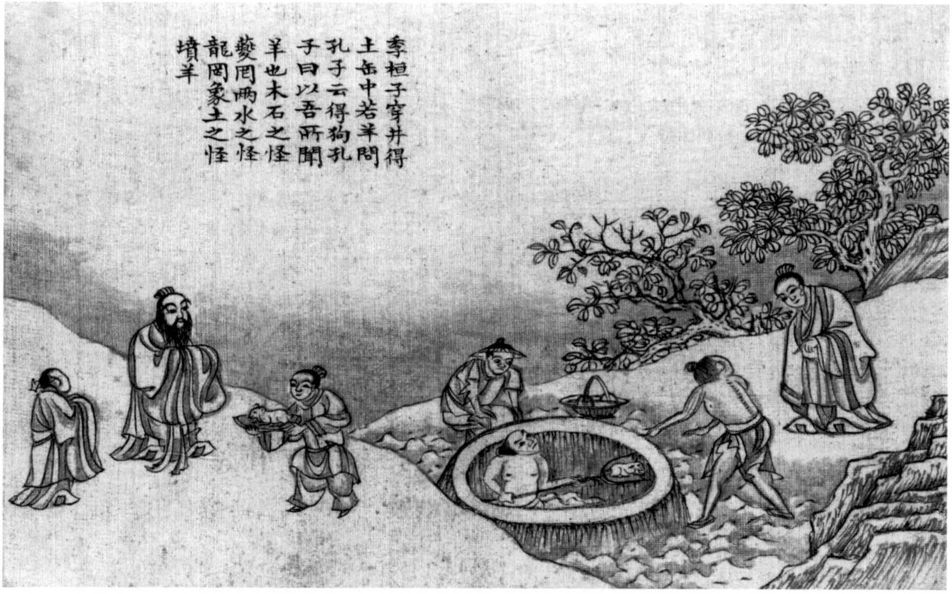


**图注：季桓子穿井得土缶，中若羊，问孔子，云得狗，孔子曰："以吾所闻，羊也。木石之怪，夔罔两；水之怪，龙罔象；土之怪，羵羊。"**

**释读**：据《史记・孔子世家》等书记载，大约在公元前 510 年，孔子四十二岁那年，鲁昭公死在齐国的乾侯，鲁定公继位。定公继位的第五年夏天，季平子死了，季桓子继立为上卿。季桓子掘井时掘得一个腹大口小的陶器，里面有个像羊的东西，告诉孔子时却谎称得到一只狗。孔子说："据我所知，那里面是羊。我听说，山林中的怪物是一种叫'夔'的单足兽和会学人声的山精'罔两'，水中的怪物是神龙和叫'罔象'的水怪，泥土中的怪物是一种雌雄未明的'羵羊'。"

季桓子季孙斯（？～公元前 492 年），春秋鲁国大夫。季平子季孙意如之子。公元前 505 年，季孙意如死后，其家臣阳虎囚禁季孙斯，并执鲁政达三年之久。阳虎逃走后，季孙斯想用孔子帮助三桓打击当权的家臣。但是，孔子想提升公室的实力，季孙氏遂将孔子逼走周游列国，鲁哀公三年，季桓子去世，其子季康子季孙肥继位。

**图注：孔子年四十二，鲁定公立，季氏僭于公室，陪臣执国命，故孔子不仕，退而修诗书礼乐，弟子弥众。**

**释读**：据《史记·孔子世家》记载，孔子四十二岁那年，大约在公元前510年，鲁昭公卒于乾侯，鲁定公继位，定公五年六月，鲁国执政季孙意如（季平子）卒，其子季桓子袭职，其家臣阳虎与季桓子宠臣仲梁怀有怨仇，便把仲梁怀捉了起来，同时也把季桓子囚禁了起来，直到季桓认输订立了盟约才把他释放出来。阳虎从此以后开始专政，办事凌驾于鲁君之上。阳虎欲见孔子，孔子不见，于是馈送孔子一头猪，欲待孔子拜谢时见孔子。孔子不想见，打听得阳虎不在时前往拜谢，不巧在路上二人相遇了。阳虎劝孔子出仕，孔子口头答应，但终不仕，退闲在家，专心研究整理《诗》、《书》、《礼》、《乐》这些典籍，学生们越来越多，有的甚至来自远方，无不虚心向孔子求教。

**图注：孔子尝独立，鲤趋而过庭，曰：“学诗乎？”对曰：“未也。”“不学诗，无以言。”鲤退而学诗。他日，又独立，鲤趋而过庭，曰：“学礼乎？”对曰：“未也。”“不学礼，无以立。”鲤退而学礼。**

**释读**：据《论语·季氏》记载，陈亢问孔子的儿子伯鱼说：“你在老师那里，听到过什么特别的教诲吗？”伯鱼回答说：“没有呀。有一次他独自站在堂上，我快步走过去向他求教。他问：‘学诗了吗？’我回答说：‘没有。’他说：‘不学诗，就不懂得怎么说话。’我回去就学诗。又有一天，他又独自站在堂上，我快步走过去求教，他问：‘学礼了吗？’我回答说：‘没有。’他说：‘不学礼，就不懂得怎样立身处世。’我回去就学礼。我就听到过这两件事。”陈亢回去高兴地说：“我提一个问题，得到三方面的收获，听了关于学诗的道理，听了关于学礼的道理，又听了君子同自己的儿子保持一定距离的道理。”

鲤：孔子之子伯鱼。过庭：亦称鲤庭、趋庭，为承受父教的代称。

**图注：季桓子以粟千钟饩夫子，夫子受而不辞，以颁门人之无者。子贡进曰:“季孙以夫子贫,故致粟夫子,受之而以施人,无乃非季孙意乎？”子曰:“吾得千钟，所以受而不辞者，为季孙之惠且以为宠也。夫受人财不以成富，与季孙之惠于一人，岂若惠数百人哉！”**

**释读**：季桓子以米粟千钟馈赠孔子，孔子毫不推辞就接受了，却把这些米发给无米下炊的看门人。学生子贡颇不理解，进来质问孔子：“季孙因为夫子贫穷,才给夫子送来了这些小米,您既然接受了,却把它们转送了看门人,这不是违背了季孙先生的心意吗？”孔子却说：“吾得到这许多小米，所以不推辞和致谢的原因是，季孙先生的馈赠本表示一种恩宠。既然接受别人财物也不能因此致富，与其使季孙先生的馈赠让一人受惠，还不如让更多的人得到恩惠啊！”

千钟：极言粮多。古以六斛四斗为一钟，一说八斛为一钟，又谓十斛为一钟。亦代指优厚的俸禄。饩：古代祭祀或馈赠用的活牲畜，亦代指赠送人的粮食或饲料。

**图注：孔子观于东流之水，子贡问曰："君子见大水必观，何也？"孔子曰："以其不息，且遍与诸生而不为也。其卑下倨邑，似义；浩浩无尽，似道；赴百仞而不惧，似勇；至量必平，似法；盛不求概，似正；绰约微达，似察；发源必东，似志；万物就洁，似善。化水之德若此，是故君子必观焉。"**

**释读**：据《荀子·宥坐篇第二十八》记载，孔子观赏向东流去的河水。子贡问孔子说："君子看见浩大的流水就一定要观赏它，这是为什么？"孔子说："那流水浩大，普遍地施舍给各种生物而不作为自己的目的，好像德；它流动起来向着低下的地方，虽弯弯曲曲，但一定遵循那向下流动的规律，好像义；它浩浩荡荡没有穷尽，好像道；如果有人掘开堵塞物而使它通行，它随即奔腾向前，好像回声应和一样，它奔赴上百丈深的山谷而无所畏惧，好像勇敢；它注入量器时一定很平，好像法度；它注满量器后不需要用刮板刮平，好像公正；它柔软地所有细微的地方都能到达，好像明察；它千曲万折而一定向东流去，好像意志；各种东西在水里出来进去地淘洗，便渐趋鲜美洁净，好像善于教化。所以，君子看见浩大的流水一定要观赏它。"

倨：从人从居，联合起来表示"欺生的人"、"欺负新移民的人"。转义傲慢。

**图注：鲁有俭啬者，瓦鬲煮食，自谓甚美，以土型器进孔子，孔子欣然如受太牢之馈。子路曰："瓦甂，陋器也；煮食，薄膳也。何喜乎！"子曰："好谏者思其君，食美者念其亲，吾非以馔具之为厚，以其食厚而我思焉。"**

**释读**：据《孔子家语·致思第八》记载，鲁国有一个非常节俭的人，煮饭用的是陶制的炊器瓦鬲，吃饭用的是全陶制的瓦釜，自认为是很美的享受，还用陶制的食器盛着食物进献孔子，孔子欣然接受，吃起来如同享受牛、羊、豕（音史）三牲全备的"太牢"。子路不理解，就对孔子说："瓦甂是一种非常简陋的食器，煮出来的食物是一种非常劣质的膳食。夫子吃到这样的食物有什么值得高兴的！"孔子说："对君主忠诚的人时刻挂念着他的君主，享受美食的人时刻挂念着他的双亲。我并不是因为对方使用的馔具是否精美，而是因为它提供给我食物本身的情谊让我很欣慰啊。"

瓦鬲：古代陶制的炊器，三足，形似鼎而无耳。太牢：古代帝王祭祀社稷时所用牺牲，因祭前需先饲养于牢，故这类牺牲称为牢。牛、羊、豕（猪）三牲全备为"太牢"。子路：即孔子弟子仲由，字子路，又字季路，春秋末鲁国卞（今山东泗水县泉林镇卞桥）人。孔子得意门生。

**图注：夫子闲居，喟然而叹。子思再拜，请曰："意子孙不修持忝祖乎，羡尧舜之道恨不及乎？"夫子曰："孺子安知吾志！"子思对曰："伋闻夫子之教，其父析薪，其子弗克负荷，是谓不肖，每思之，所以大恐而不解也。"夫子忻然笑曰："然乎，吾无忧矣！世不废业，其克昌乎！"**

**释读**：孔子在家闲居，愁眉不展，喟然而叹，子思看见此景，向孔子郑重再拜，询问道："您是不是担心子孙不能修持道德、让先人蒙羞吗？是追慕尧舜治国之道、忧虑其不能在现今施行吗？"孔子说："小子怎么能知道我的志向！"子思回答说："我曾经听过您的教诲：他的父亲砍下的柴薪，他的儿子却不能替他父亲背负，这就是为子不肖。我时刻都在思考这个道理，所以时时惶恐，而不能解怀啊。"孔子听后高兴地说："这就对了！我不用担心啦！孔氏家业不废，可以发扬光大了吗！"

子思：名孔伋，字子思，孔子嫡孙。生于公元前483年，卒于公元前402年，春秋战国时期著名的思想家。受教于孔子的高足曾参，孔子的思想学说由曾参传子思，子思的门人再传孟子。后人把子思、孟子并称为思孟学派，因而子思上承曾参，下启孟子，在孔孟"道统"的传承中有重要地位。

**图注：孔子过山梁，适有雌雉饮啄其间，曰："山梁雌雉，时哉时哉。"子路共之，三嗅而作。**

**释读**：据《论语·乡党》篇末章记载，孔子曾经经过一架山梁，恰好有一群母野鸡在附近觅食，一会儿飞起，一会儿落下，悠闲、准确。周游列国、饱受坎坷后的孔子，看到这一幕生动的画面，不禁感慨道："看看山梁上的这群野母鸡吧，它是如此地会掌握时机！"即是要告诉子路等人：把握时机，及早站到自己合适的位置。子路听后，转身向这群野母鸡拱手致敬，这群野母鸡惊疑而视者三，终于拍翅飞走了。

孔子的"时哉！时哉"本是赞叹，有欣慰，也有艳羡；是共鸣，也有失落。饮啄在我，丰俭满意；可飞则飞，可处而处。子路不能领会老师的深意，一听是表扬，便也紧跟着拱手致敬，很喜剧。而那群雉却不领子路之情，惊疑而视者三，终于拍翅飞走了。一说三嗅是子路听懂以后，恍然领悟而生感叹的反应。

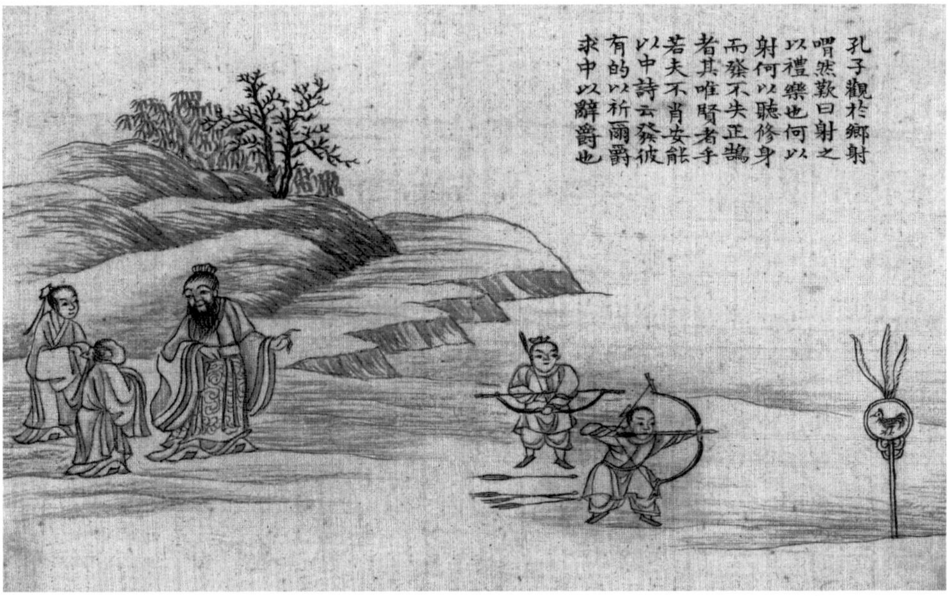


**图注：孔子观于乡射，喟然叹曰："射之以礼乐也，何以射，何以听，修身而发，不失正鹄者，其唯贤者乎？若夫不肖，安能以中！《诗》云：'发彼有的，以祈尔爵。'求中以辞爵也。"**

**释读：**据《孔子家语》卷七《观乡射第二十八》记载，孔子观看乡射礼，长叹一声说："射箭时配上礼仪和音乐，射箭的人怎能一边射，一边听？努力修养身心而发出的箭，并能射中目标，只有贤德的人才能做到。如果是不肖之人，他怎能射中而罚别人喝酒呢？《诗经》说：'发射你的箭射中目标，祈求你免受罚酒。'祈，就是求。祈求射中而免受罚酒啊。"

乡射：古代射箭饮酒的礼仪，于春秋两季农闲时以礼会民，习射于州之学校。《诗》：指《诗经·小雅·宾之初筵》。以祈尔爵：祈求你免被罚酒。

**图注：子路、曾皙、冉有、公西华侍坐，子曰：“盍各言尔志。”三子以富、强、摈相对，独点有春风沂水之趣。夫子喟然叹曰：“吾与点也。”**

**释读：**据《论语》记载，有一次，子路、曾皙、冉有、公西华陪孔子闲坐。孔子说：“你们可以谈谈自己的志向吧。”子路急忙回答说：“一个拥有一千辆兵车的国家，夹在大国之间，加上外国军队的侵犯，接着又遇上饥荒；如果让我治理这个国家，等到三年功夫，就可以使人人勇敢善战，而且还懂得做人的道理。”孔子听了，微微一笑，回头问：“冉求，你怎么样？”冉求回答说：“一个纵横各六七十里或五六十里的国家，如果让我去治理，等到三年，就可以使老百姓富足起来。至于修明礼乐，那就只有等待贤人君子了。”“公西赤，你怎么样？”公西赤回答说：“我不敢说能做到什么，只是愿意学习。宗庙祭祀的工作，或者是诸侯会盟，朝见天子，我愿意穿着礼服，戴着礼帽，做一个小小的赞礼人。”“曾点，你怎么样？”曾点回答说：“我和他们三人的才能不一样呀！”孔子说：“那有什么关系呢？不过是各自谈谈自己的志向！”曾点说：“暮春时节天气和暖，我和五六位成年人、六七个少年，到沂河里洗个澡，在舞雩台上吹吹风，唱着歌走回家。”孔子长叹一声说：“我是赞成曾点的想法呀！”

**图注：子贡观于蜡，孔子曰："赐也，乐乎？"对曰："一国之人皆若狂，赐未知其乐也。"孔子曰："百日之蜡，一日之泽，非尔所知也！张而不弛，文武弗能也；弛而不张，文武弗为也。一张一弛，文武之道也。"**

**释读**：据《孔子家语》卷七《观乡射第二十八》记载，孔子的学生子贡随孔子去看祭礼，孔子问子贡说："赐啊，你看到这些愉快了吗？"子贡答道："一国之人醉酒后皆若疯狂了一样，赐不知道有什么值得快乐的。"孔子说："长期的虔诚敬天，终岁的稼穑勤苦，才有一时的饮酒作乐，这是君之恩泽，不是你能理解的。终岁劳碌而片刻休闲，这是贤君周文王、周武王也不能做到的；相反，一直松弛而不紧张，那是周文王、周武王也不愿这样做的；只有有时紧张，有时放松，有劳有逸，宽严相济，这才是周文王、周武王治国的办法啊。"

蜡：古代祭名，周朝年终大祭万物。文武之道，一张一弛：文、武指周文王和周武王，就是说要治理好国家，就要让人民有劳有逸，劳逸结合，使工作、生活有节奏地进行。

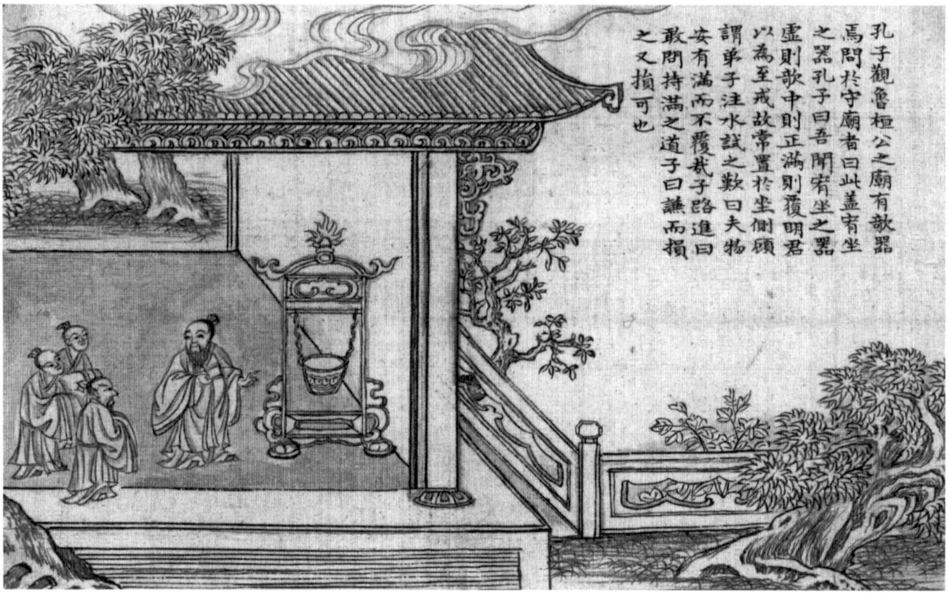


**图注：孔子观鲁桓公之庙，有欹器焉，问于守庙者曰："此盖宥坐之器？"孔子曰："吾闻宥坐之器，虚则欹，中则正，满则覆，明君以为至戒，故常置于坐侧。"顾谓弟子注水试之，叹曰："夫物，安有满而不覆哉！"子路进曰："敢问持满之道。"子曰："谦而损之又损可也。"**

**释读**：据《孔子家语》卷二《三恕第九》记载，孔子到鲁桓公的庙堂上参观，看到一只倾斜易覆的器皿，便向守庙的人问道："这是什么器皿？"守庙的人回答说："这是放在座右，作为劝诫的宥坐之器。"孔子说："我曾听说过这样的器皿，空了它便倾斜，适中时它就端正，满了就会倾覆。英明的君主以此来作为最好的鉴诫，所以常常将它放置于座位的右边来警惕自己。"说完，孔子回过头来对子弟们说："放水进去试试看。"于是，一位弟子把水灌了进去，恰到好处时，它便端正，然而继续加水，水满了它就倾覆。孔子看后，叹息说道："唉！一切事物哪有满而不覆的道理呢？"子路疑惑，进一步向夫子问道："敢问夫子，要保持满而不覆的状态，有什么办法吗？"孔子回答说："聪明睿智而能自安于愚，功盖天下而能谦让自持，勇力足以震撼世界却能守之以怯懦，拥有四海的财富，但能谦逊自守，这是所说的谦抑再加谦抑的方法啊！"

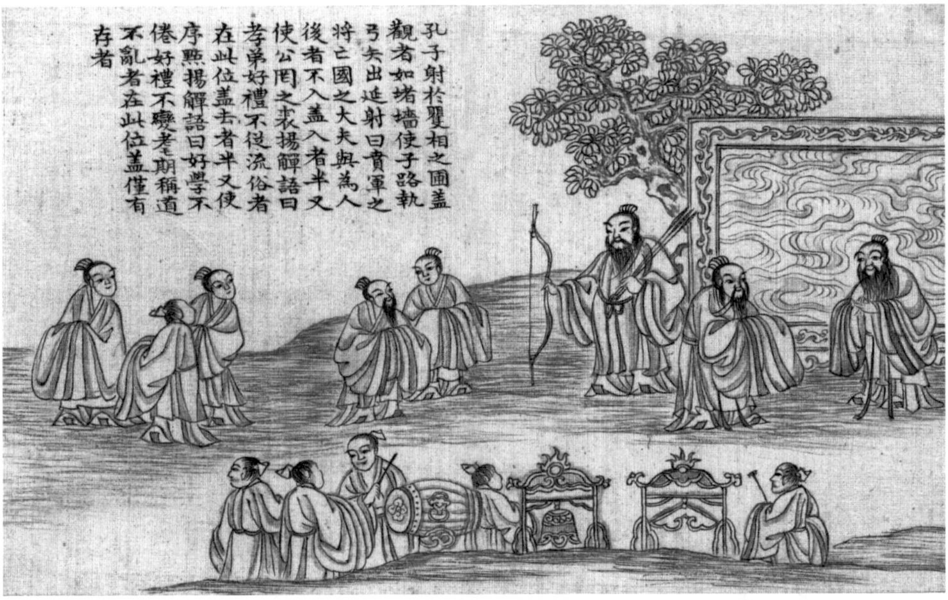


**图注：孔子射于矍相之圃，盖观者如堵墙，使子路执弓矢出，延射，曰："贲军之将、亡国之大夫、与为人后者不入。"盖入者半。又使公罔之裘扬觯语曰："孝弟好礼、不从流俗者在此位。"盖去者半。又使序点扬觯语曰："好学不倦、好礼不变、耄期称道不乱者在此位。"盖仅有存者。**

**释读**：据《孔子家语》卷七《观乡射第二十八》记载，孔子和弟子们在矍相的园圃中学习射箭，观看的人们好像一堵围墙。当射礼行至子路时，孔子让子路手执弓箭出来邀请观射的人，说："败军之将、丧失国土的大夫、求做别人后嗣的人，一律不准入场，其余的人进来。"听到这话，人走了一半。孔子又让公罔之裘举起酒杯说："能孝敬父母，友爱兄弟，到老年还爱好礼仪，不随流俗，修身以待终年的人，请留在这个地方。"结果又走掉一半。序点又举杯说："好学不倦，好礼不变，到老还言行不乱的人，请留在这里。"结果只有几个人留下没有走掉。

孔子很重视基层礼仪乡射礼，并亲自带领弟子们去练习。在习射的同时，不失时机地对民众进行礼的教育，对遵守礼法者进行鼓励，并用淘汰的方法教育那些礼义欠缺的人。

**图注：孔子游于农山，子路、子贡、颜渊侍侧。子曰："二三子各言尔志。"子路曰："攘地千里，搴旗执职，唯由能之。"子曰："勇哉！"子贡曰："齐楚合战于漭瀁之野，陈说其间，释国之患，唯赐能之。"子曰："辩哉！"颜渊曰："回愿得明王圣主辅相之，敷其五教，导以礼乐，使民城郭不修，沟池不越，铸刃戟为农器，放牛马于原野，室家无离旷之思，千岁无战斗之志，则由无所用其勇，赐无所用其辩矣。"子曰："美哉德也！不伤财，不害民，不繁词，颜氏之子有矣。"**

**释读**：据《孔子家语》卷二《致思第八》记载，孔子北游农山，要弟子谈各自的志向。子路抢先说："夺取广阔的地方，拔下敌人的旗帜，割了敌人的耳朵，大奏凯歌，恐怕只有我能做到这一点。"孔子听后说："多么勇敢啊！"子贡说："齐国和楚国在广阔的原野上打了起来，陈述战争的利害，以解决两国的兵患，恐怕也只有我能做得到。"孔子听后说："多么能言善辩啊！"颜渊回答说："我愿得遇圣明的君主，帮他施行礼治，以礼乐教育、感化百姓，使城市里不必设防，国家永没有战争的灾难。"孔子听后严肃地说："多么好的道德啊！不损害财力，不危害百姓，又没有浮夸的话，姓颜的那个人说得太好了。"

**图注：阳货欲见孔子，孔子不见，归孔子豚，孔子时其亡也，而往拜之，遇诸涂**。

**释读**：据《史记·孔子世家》记载，鲁定公在位时期，季桓子执政，其家臣阳虎专政，办事凌驾于鲁君之上。阳虎欲见孔子，孔子不见，于是馈送孔子一头猪，欲待孔子拜谢时见到孔子。孔子不想见阳虎，打听到阳虎不在时前往拜谢，不巧在路上二人相遇了。阳虎劝孔子出仕，孔子口头答应，但终不仕，专心授徒和整理典籍。

阳货：名虎，字货，春秋时鲁国人，鲁国大夫季平子的家臣，季平子死后，专权管理鲁国的政事。后来他与公山弗扰共谋杀害季桓子，失败后逃往晋国。涂同“途”，路上。

**图注：孔子初仕，为中都宰，长幼异食，强弱异任，男女别涂，路无拾遗，器不雕伪，市不贰价。行之一年，而四方诸侯则焉。**

**释读**：据《孔子家语》卷一《相鲁第一》记载，孔夫子开始时出任中都宰，制定了养生送死的规矩，年长的和年幼的吃不同的食物；能力强的和能力弱的有不同的任用，男女分路而走；路上没有人拾取别人落下的东西，器皿上没有多余的雕饰，市场上出卖的商品没有虚抬的物价。实施了一年，周边的诸侯都开始效法他的做法。

中都为春秋战国时的一地名，在今山东省汶上县，孔子曾在此任“中都宰”一职。

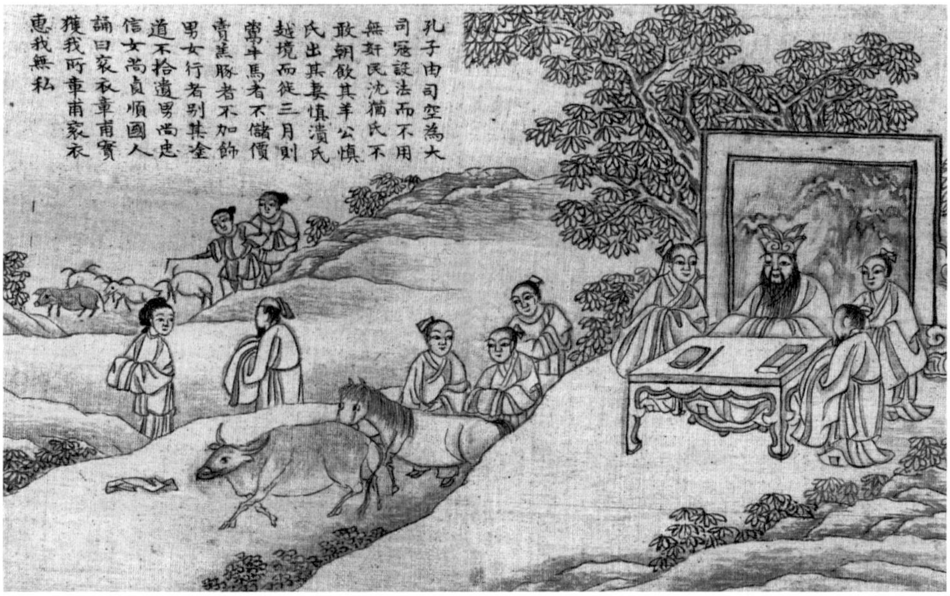


**图注：孔子由司空为大司寇，设法而不用，无奸民。沈犹氏不敢朝饮其羊，公慎氏出其妻，慎溃氏越境而徙。三月，则鬻牛马者不储价，卖羔豚者不加饰，男女行者别其涂，道不拾遗，男尚忠信，女尚贞顺。国人诵曰：“衮衣章甫，实获我所。章甫衮衣，惠我无私。”**

**释读**：据《孔子家语·相鲁第一》记载，以前，鲁国有个叫沈犹氏的羊贩，他常常在早上用水把羊灌得饱饱的，以此来增加羊的重量，诈骗市民。有个叫做公慎氏的，妻子淫乱，他也听任妻子放荡不加制止。有个叫慎溃氏的，生活十分奢侈，超过了法令的规定。鲁国里那些出卖六畜的人，往往把牲畜修整打扮起来，以等待高价出售。然而，到了孔子来执政的时候，那个沈犹氏不敢再给羊灌水了，公慎氏把妻子休了，慎溃氏也逃离了国境，迁徙到别处去了。过了三个月后，卖牛马不等待高价了，卖猪羊的也不再弄虚作假，男女各走各的道路，路上有丢失的东西，也没有人去捡。男子以尽忠守信为高尚，女子以坚贞和顺为高贵，大家都知礼守法，自行遵守道德仁义。四面八方的客人到了鲁国的都邑后，不需要去找那里的官吏来解决他们的生活所需，个个都像回到了自己的家里一样。

**图注：定公十年，会齐侯于夹谷，孔子摄相事。献酬礼毕，齐有司请奏四方之乐。孔子进，历阶而升，不尽一等，曰："吾两君为好会，夷狄之乐，何为于此！请却之。"又请奏宫中之乐，孔子进曰："匹夫荧惑诸侯者罪当诛！请命有司加法焉。"景公惧。**

**释读**：据《史记·孔子世家》记载，公元前500年，定公在夹谷与齐侯相会，孔子担任傧相，负责主持会议仪节。彼此馈赠应酬的仪式过后，齐国管事的官员奏请演奏四方各族的舞乐，随即齐国的乐队以旌旗为先导，喧闹着一涌而上。孔子见状赶忙跑过来，一步一阶快步登台，还差一级台阶时，便扬起衣袖一挥，说道："我们两国国君为和好而来相会，为什么在这里演奏夷狄的舞乐，请命令管事官员叫他们下去！"齐景公心里很惭愧，挥手叫乐队退下去。过了一会儿，齐国的管事官员又跑来说道："请演奏宫中的乐曲。"于是一些歌舞杂技艺人和身材矮小的侏儒都前来表演了。孔子看了又急跑过来，一步一阶往台上走，最后一阶还没有迈上就说："普通人敢来胡闹迷惑诸侯，论罪当杀！请命令主事官员去执行！"齐景公大为恐惧。

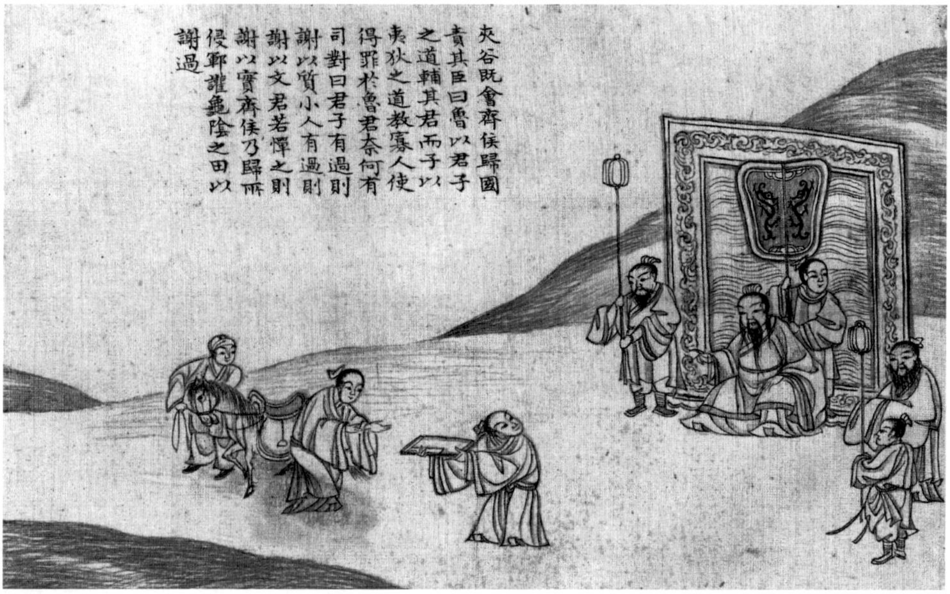


**图注：夹谷既会，齐侯归国，责其臣曰：“鲁以君子之道辅其君，而子以夷狄之道教寡人，使得罪于鲁君，奈何！”有司对曰：“君子有过，则谢以质；小人有过，则谢以文。君若悼之，则谢以实。”齐侯乃归所侵郓、讙、龟阴之田以谢过。**

**释读**：夹谷会盟后，齐景公返回齐国，责备他的大臣们说：“鲁国人以君子之道辅助其君主，而你们却以落后的夷狄之道辅助寡人，使我得罪了鲁国国君，这该怎办呢？！”主管官员上前回答说：“君子有了过错，就用实际行动来向人家道歉认错；小人有了过错，就用花言巧语来谢罪。您如果悔愧，就用具体行动来表示道歉吧。”于是齐景公就退还了从前所侵夺的鲁国郓、汶阳、龟阴的土地，以此来向鲁国道歉并悔过。

郓在今山东郓城东，讙在今山东宁阳北，龟阴即龟山之阴，在今山东新汶东南境。

**图注：孔子为鲁司寇，有父子讼者，同狴执之，三月不别，其父请止，孔子赦之，季孙不悦。孔子曰："不教以孝而听其狱杀，不辜也。上陈之教，而先服之，则百姓从风矣。邪行不从，然后俟之以刑，则民知罪矣。"**

**释读**：据《孔子家语·始诛第二》记载，孔子担任鲁国大司寇时，有一父子相会告发案件，孔子将其一同投入狱中。过了三个月也不判决，那个父亲请求撤讼，孔子将他们免罪释放了。执政大臣季孙听说后很不高兴，说："孔子欺骗我！他从前告诉我说，国家必须以孝行为先，我现在想杀一不孝之子来教民孝行，不正好吗？而孔子却赦免了他们！"孔子知道后，感慨说："君主不以孝行教化百姓，而听任其互相狱讼，这就是在残害无辜的百姓。君主倡导孝行，首先身体力行，百姓就会纷纷效法。民知好恶，邪恶的行为不再被容忍，然后再俟之以刑，老百姓就会遵守礼法，不再陷于犯罪了。"

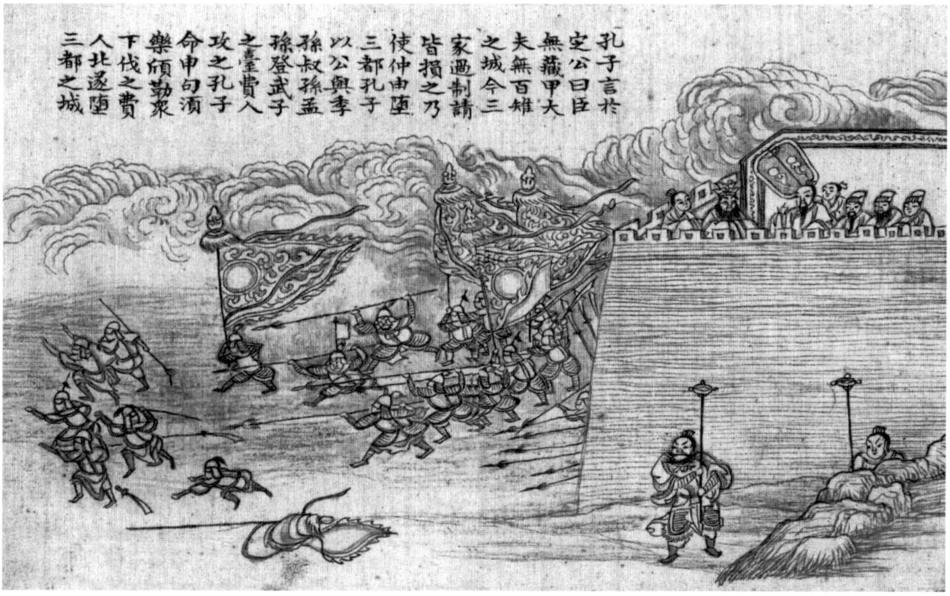


**图注：孔子言于定公曰："臣无藏甲，大夫无百雉之城，今三家过制，请皆损之。"乃使仲由堕三都。孔子以公与季孙、叔孙、孟孙登武子之台，费人攻之，孔子命申句须、乐颀勒众下伐之，费人北，遂堕三都之城。**

**释读**：据《史记·孔子世家》记载，大约在公元前497年，孔子为鲁国大司寇，为了削弱私家以强公室，向鲁定公建议："臣下的家中不能收藏武器，大夫的封邑不能筑起高一丈长三百丈的城墙。请把三座城都拆了。"于是派子路去当季氏的管家，打算拆毁季孙、叔孙、孟孙三家封邑的城墙。这时，叔孙氏首先把郈邑的城墙拆了。季孙氏也准备拆费邑的城墙，其家臣公山不狃和叔孙辄就带领费邑的人袭击鲁定公。鲁定公和季孙、叔孙、孟孙三人躲进了季孙的住宅，登上了季孙武子的高坛。公山不狃率领的费邑人发起进攻，孔子命令申句须、乐颀下台来攻打他们，费邑人失败逃走，鲁国人乘胜追击，在姑蔑把他们彻底击溃。公山不狃、叔孙辄两人逃到了齐国，费邑的城墙终于被拆毁了。

甲：武器。雉：古代计算城墙面积的单位，长三丈、高一丈为一雉。三家：季孙氏、孟孙氏、叔孙氏。三都：季孙氏、叔孙氏、孟孙氏三人封地的城邑。

**图注：定公问于孔子曰："古之帝王必郊祀其祖以配天，何也？"孔子对曰："万物本乎天，人本乎祖。郊之祭也，大报本及始也，故以配上帝。天垂象，圣人则之。郊所以明天道也。"**

**释读**：据《孔子家语·郊问第二十九》记载，鲁定公向孔子请教说："古时候的帝王一定要在郊外祭祀上天，并以他的祖先陪祭，这是为什么啊？"孔子回答说："世间万物源于上天，人类源于祖先。在郊外举行祭祀大典，就是为报答原始之德，所以要祭祀上天，并以祖先陪祭。上天显示征兆，圣人以之为必须遵循的准则。在郊外举行祭祀大典，就是遵循天道的体现啊。"

配天：古帝王祭天时以先祖陪祭。郊祀：古代于郊外祭祀天地，南郊祭天，北郊祭地。郊谓大祀，祀为群祀。天垂象：上天显示征兆。

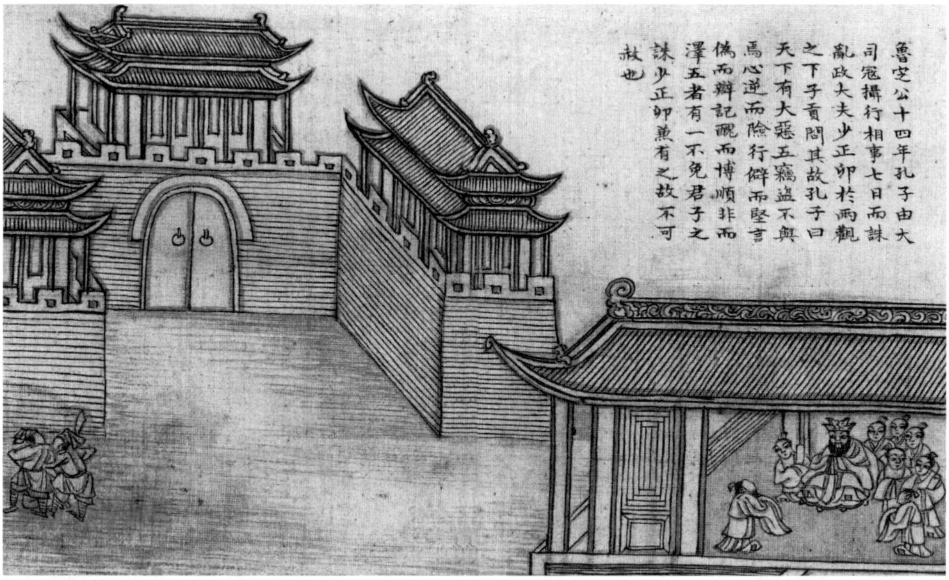


**图注：鲁定公十四年，孔子由大司寇摄行相事，七日而诛乱政大夫少正卯于两观之下。子贡问其故，孔子曰："天下有大恶五，窃盗不与焉。心逆而险，行僻而坚，言伪而辩，记丑而博，顺非而泽，五者有一，不免君子之诛。少正卯兼有之，故不可赦也。"**

**释读**：据《孔子家语·始诛第二》记载，鲁定公十四年即公元前 496 年（按年谱，应误，是年孔子在卫国），孔子由大司寇代理鲁相，上任七天就以扰乱政治的罪名，在城门口诛杀了大夫少正卯，并在朝廷上暴尸三日，以儆效尤。子贡不理解，就追问孔子说："少正卯是鲁国的名人，现在夫子刚刚代理执政就把他杀了，是不是有点过头了？"孔子却说："天下有五种大恶，窃盗行为还不包括在内。居心险恶而不露声色，行为怪诞而意志坚定，满口谎言却善于狡辩，喜好丑恶却博闻强记，行为丑陋却善于粉饰，五者有其一，就逃不了君子的诛杀。少正卯兼有五种大恶，所以不能赦免啊。"

少正卯:春秋时期鲁国的大夫,能言善辩,是鲁国的著名人物,被称为"闻人"。少正卯和孔子都开办私学,招收学生。少正卯多次把孔子的学生都吸引过去听讲,与孔子存在利益竞争。后被孔丘"君子之诛"杀死在城门之下，暴尸三日。

**图注：君命召，不俟驾行矣。**

**释读**：据《史记·孔子世家》记载，孔子一生汲汲于推行他的仁政理想，时刻准备着接受国君们的征召，等待着亲自实现仁政理想的机会，所以说，国君召见他，不等待车驾备好，就要动身起行。

孔子为推行其政治主张、实现其推行仁政的抱负，从55岁到68岁，用了十几年的时间，带着他的若干弟子，在鲁国周边游历。大致走了卫国、宋国、齐国、郑国、晋国、陈国、蔡国、楚国等地。说起来不算少，但大多是春秋时期的蕞尔小国。楚算是大国，但孔子只到了楚国的边境。孔子还打算西去晋国，但由于时局不好，结果只是在黄河边上感慨了一番："美哉！水洋洋乎，丘之不济，命也夫！"最终连黄河也没过去。可以说，他后半生一直在等待着君主的召唤。当年佛肸占据中牟反叛赵简子，并派人请孔子，孔子打算前去。子路极力反对，而孔子辩解说："坚硬的东西是磨不薄的，洁白的东西是染不黑的。我难道是只中看不能吃的匏瓜吗？怎么可以老是挂着却不给人吃呢？"表达出渴望出仕的心情。

**图注：入公门，鞠躬如也，如不容。**

**释读**：孔子一生都在践行着礼制理想，一言一行无不严格按照礼的要求，所谓“非礼勿视，非礼勿听，非礼勿言，非礼勿动”，就是概括的表述。平常人际交往是如此，师生之间、君臣之间更是如此。所以，《史记·孔子世家》记载：孔子进入国君的宫门，低着头弯着腰，恭恭敬敬，谨小慎微，如同不能通过一样。《论语·乡党》并言：“立不中门，行不履阈。过位，色勃如也，足躩如也，其言似不足者。摄齐升堂，鞠躬如也，屏气似不息者。出，降一等，逞颜色，怡怡如也。没阶，趋进，翼如也。复其位，踧踖如也。执圭，鞠躬如也，如不胜。上如揖，下如授。勃如战色，足缩缩如有循。享礼，有容色。私觌，愉愉如也。”即是说：不站在门中间，走路不踩门槛。经过君主之位时，面色庄重，脚步加快。升堂面君时，缩着身子，屏息静气。面君后出来，一边下台阶一边放松神色，而后一路疾行，身姿端正舒展。回到自己的位次，又变成恭敬畏惧的样子。若手持国君的玉圭出使，就要弓着身子，面色惶恐，脚下像踩着一条直线一样往前挪步。等到交换礼物时，则表情放开，露出笑脸。私人会见时，更是和颜悦色。

**图注：子贡为信阳宰，将行，辞于孔子，子曰：“勤之慎之！奉天子之时，无夺无伐，无暴无盗。治民莫若平，临财莫若廉，廉平之守，不可改也。言人之善，若己有之；言人之恶，若己受之。故君子无所不慎焉。”**

**释读**：据《孔子家语·辩政第十四》记载，子贡将为信阳宰，行前向孔子辞行，孔子告诫说：“你要勤恳谨慎啊，要依照自然季节指导农业生产。不要夺取，不要破坏，不要残暴，不要盗窃。”子贡说：“我从年轻的时候就在先生这里学习，难道犯过偷盗的过失么？”孔子说：“你没有理解我的话啊。用才德兼美的人去取代才德兼美的人，这就叫做夺；用无才的人去取代有才的人，这就叫做伐；政令很宽松而处罚很严厉，这就叫做暴；把一切美好的东西都归于自己，这就叫做盗。盗，不是一般意义上的盗窃财物。我听说过：善于做官的人，遵循法令办事，使百姓得到好处；不善做官的人，歪曲法令办事，使百姓受到损害，这是怨恨产生的根源啊。整顿官风，没有比公平更好；面对财货，没有比廉洁更好。清廉和公平的操守，怎么也不能变易啊。说人家的好处，就像我自己的好处一样；说人家的坏处，好像自己受到别人的攻击一样。所以，有道德修养的人，没有一个地方不戒慎恐惧啊。”

**图注：鲁城东北有洙泗二水，夫子立教，与弟子游其上，步一步，颜子亦步一步；趋一趋，颜子亦趋一趋。（臣谨按：《史记》、《家语》、《阙里》、《陋巷》诸志俱不载此事，庄子步趋之文，亦与此不类，仍从旧图说录之。）**

**释读**：鲁国都城东北方有洙水和泗水两条河，孔子利用两水交会之地开展教育活动，经常与弟子们游走在河岸上。孔子慢步而行，颜回亦慢步而行；孔子快步行走，颜子亦快步行走。此处强调师传和师承的重要性，后来成为成语“一步一趋”的来源。一是形容紧跟着行走，二是比喻事事模仿和追随别人，常含贬意。

在三千弟子中，孔子最喜欢的学生是颜回，不仅因为他好学不倦，始终努力实践孔子的理想，还因为他有“不迁怒，不贰过”的修养。“不迁怒”意为不把自己的怒气发到别人头上；“不贰过”是指不重复犯错误。颜回早死，孔子哭得极度悲伤，说道：自从我有了颜回这样的好学弟子，学生们就更加亲近我了。鲁哀公问孔子弟子中谁最好学？孔子竟然回答说：颜回最喜欢学习，他不把怒气发到别人头上，不重复犯错误。他不幸去世了，现在就再也没有听说有好学的人了！

**图注：孔子与颜渊俱上鲁泰山，孔子东南望，吴阊门外有系白马，引颜渊指以示之，曰："若见吴阊门乎？"曰："见之。"曰："门外何所有？"曰："有如系练之状。"孔子抚其目而正之。**

**释读**：据《吴郡图经续记》记载，一次，颜回和孔子登上泰山，孔子向东南远方望去，似乎看到吴国东门外系着一匹白马，然后指引颜回也向东南方望去，问："你看到吴国东门了吗？"颜回回答说："看到了。""那么，门外有什么？""我看到有拴着带子的东西哩。"其实，孔子知道，吴国距此千里之远，他怎么能看到那么远呢？颜回了解老师，只是也跟着联想浪漫了一下而已。所以，就用手把颜回脑袋扳了回来。

岱顶有石坊"望吴胜迹"，是 1984 年重立的，就源自这个神奇的传说。在王充《论衡·书虚》中此故事还有更具体的描写，说孔子和颜渊下山后，发白齿落，遂以病死。王充分析说："盖以精神不能若孔子，强力自极，精华竭尽，故早夭亡。"王充解释说：因为人目之所见，不过十里，过此不见，非所明察远也。又说：鲁去吴千有余里，使离朱望之，终不能见，况使颜渊，何能审之？所以他下结论说：不只是颜渊不能见，就是孔子亦不能见也。

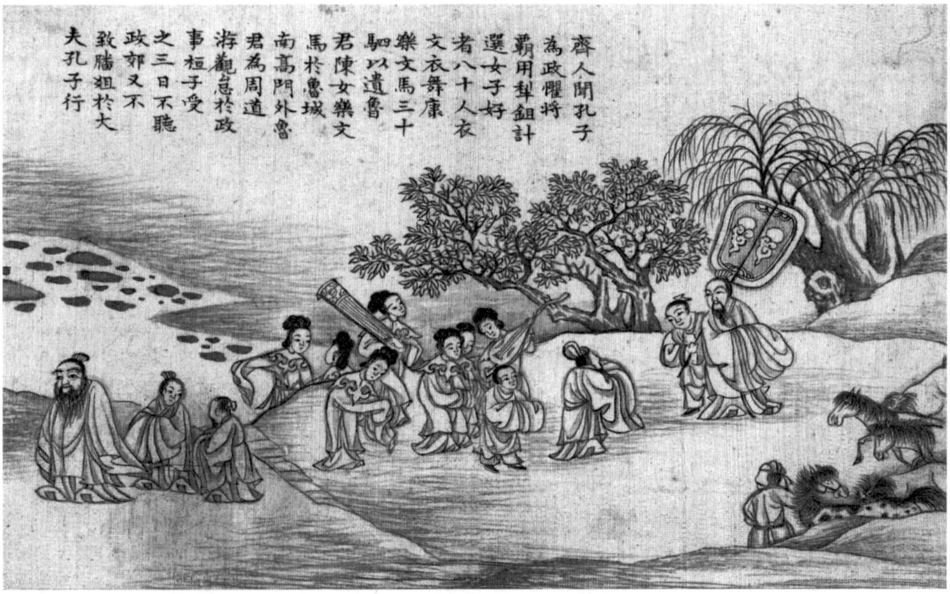


**图注：齐人闻孔子为政，惧将霸，用黎钼计，选女子好者八十人，衣文衣，舞康乐，文马三十驷，以遗鲁君，陈女乐文马于鲁城南高门外，鲁君为周道游观，怠于政事，桓子受之，三日不听政，郊又不致膰俎于大夫，孔子行。**

**释读**：据《史记·孔子世家》记载，齐国听到孔子正在鲁国代理政事这个消息就害怕了起来，说：孔子在鲁国执政下去，一定会称霸，一旦鲁国称霸，我们靠它最近，必然会首先来吞并我们。于是采用大夫黎钼的计策，挑选了八十个美貌女子，都穿上华丽的衣服，教她们学会跳《康乐》的舞蹈；挑选上好的马一百二十匹，马身上装饰着花纹，一起送给鲁定公。先把女乐和纹马彩车安置在鲁城南面的高门外。执政大夫季桓子听说后，自己先身着便服前往观看再三，打算接受下来，就劝鲁定公以外出巡视为名，到南门观看齐国的美女和骏马，结果鲁定公从此连国家的政事也懒得去管理了。子路看到这种情形便对孔子说："老师，我们可以离开这里了吧？"孔子说："鲁国现在就要举行郊祀了，如果能按照礼法把典礼后的烤肉分给大夫们，那么我还可以留下不走。"季桓子终于接受了齐国送来的女子乐团，一连三天不过问政务。郊外祭祀也没有把烤肉分给大夫们享用。孔子于是离开了鲁国。

**图注:孔子适卫,仪封人请见,曰:"君子之至于斯也,吾未尝不得见也。"从者见之。**

**释读**:据《论语·八佾》记载,孔子离开鲁国前往卫国,经过仪封地方,仪封人请求把自己引见给孔子,说:"品德高尚的人到了这里啊,我还从来没有见过他。"随行孔子的学生把他引见给孔子。仪封人出来之后说:"诸位何必为孔子丧失官位担忧呢?天下没有德政已经很久了,上天将借他来宣扬大道啊。"

仪封现属于河南开封市。请见:请求把自己引见给孔子。见(音现):引见。君子:指品德高尚的人。斯:这个地方。从者:随行的人,指随行孔子的学生。孔子在鲁国的政绩引起齐国的忌妒和担忧,于是,齐景公开始离间鲁国的内部关系,又送了八十名能歌善舞的美女,以及文马三十驷,季孙氏和鲁定公欣然接受了,并且三日不理朝政,对孔子的态度也怠慢了,孔子知道治国大计无法实施,于是怀着沉重的心情,率领众弟子离开了鲁国,开始了周游列国十四年的生涯。初次外出,即在仪封地方受到当地人的敬重,其思想主张也得到理解,这应该会给孔子师徒以信心。只可惜,他所到之处的君主们并不像仪封人那样理解他们,难怪孔子临终前颇为不平呢!

**图注：孔子去卫，将适陈，过匡，阳虎尝暴于匡，孔子状类阳虎，匡人拘围五日。弟子惧，孔子曰："文王既没，文不在兹乎？匡人其如予何？"孔子使从者为宁武子臣于卫，然后得去。**

**释读**：据《史记·孔子世家》记载，孔子离开卫国将要到陈国去，经过一个叫匡的地方，匡人听说了，误以为是鲁国的阳虎来了，阳虎曾经残害过匡人，于是匡人就围困了孔子。孔子的模样很像阳虎，所以被困在那里整整五天。颜渊后来赶到，孔子说：我还以为你死了呢。颜渊说：老师您活着，我怎么敢死！匡人围攻孔子越来越急，弟子们都很害怕。孔子安慰他们说："周文王已经死去，周代的礼乐制度不就在我们这里吗？上天如果要毁灭这些礼乐制度的话，就不会让我们这些后死的人承担起维护它的责任。既然上天并没有要消灭周代的这些礼乐，匡人又能把我怎么样呢！"孔子随后派了一个跟从他的人到宁武子那里称臣，（借助宁武子的调停）然后才得以离开匡地。

匡：古地名，春秋时卫地，在今河南省长垣县西南，一为春秋时郑地。在今河南省扶沟县。暴：残害。文：周代的礼乐制度。兹：这里，指孔子自己。如予何：他们能把我怎么样。宁武子：即春秋时期卫国大夫宁俞，谥武子。

**图注：颜渊问仁，子曰："克己复礼为仁，一日克己复礼，天下归仁焉，为仁由己，而由人乎哉！"颜渊曰："请问其目。"子曰："非礼勿视，非礼勿听，非礼勿言，非礼勿动。"颜渊曰："回虽不敏，请事斯语矣。"**

**释读**：据《论语·颜渊》记载，颜渊问仁是什么。孔子说："克制自己的欲望，使自己的言行都符合礼就是仁。一旦做到克制自己而言行符合礼的规范，天下的人就会称做为仁人。做到仁德要靠自己，难道还靠别人吗？"颜渊说："希望指点一些具体做法。"孔子说："不合乎礼的不去看，不合乎礼的不去听，不合乎礼的不去说，不合乎礼的不去做。"颜渊说："我虽然不够聪明，也要努力做到这些话。"

孔子在早年的政治追求中，一直以恢复周礼为己任，并把克己复礼称之为仁。颜渊向孔子询问什么是仁以及如何才能做到仁，孔子做出了这种解释。因此，可以把克己复礼视为孔子早年对仁的定义。

**图注：孔子至卫，主蘧伯玉家，南子使人谓曰："四方之君子不辱，欲与寡君为兄弟者，必见寡小君，寡小君愿见。"孔子辞谢，不得已而见之，入门，北面稽首，夫人自帷中再拜，环珮玉声璆然。孔子曰："吾为弗见，见之礼答焉。"**

**释读**：据《史记·孔子世家》记载，孔子离开匡地之后就到了一个叫蒲的地方，过了一多月，又返回了卫国，寄住在蘧伯玉家。卫灵公有个叫南子的夫人，派人对孔子说："各国的君子，凡是看得起我们国君，愿意与我们国君建立像兄弟一样交情的，必定会来见见我们南子夫人的，我们南子夫人也愿意见见您。"孔子开始还推辞谢绝一番，最后不得已才去见她。南子夫人坐在葛布做的帷帐中等待。孔子进门后，面朝北叩头行礼。南子夫人在帷帐中拜了两拜，她披戴的环佩玉器首饰发出了叮当撞击的清响。事后孔子说：我本来就不愿见她，现在既然不得已见了，就得还她以礼。子路不高兴。孔子发誓说："我假若不对的话，上天一定厌弃我！上天一定厌弃我！"

蘧瑗：字伯玉，谥成子。春秋卫国人，仕三公（献公、襄公、灵公），称贤大夫。蘧伯玉与孔子一生为挚友。二人分别仕于鲁和卫时就曾互相派使者致问。在孔子周游列国的十四年中，有十年在卫国，其中两次就住在蘧伯玉家，前后达九年。

**图注：孔子自蒲反乎卫，主蘧伯玉家，灵公与夫人同车，使孔子为次乘，招摇市过之。孔子曰："吾未见好德如好色者也。"去之。**

**释读：**据《史记·孔子世家》记载，孔子返回卫国后，在卫国住了一个多月，灵公与夫人南子同坐了一辆车子，宦官雍渠陪侍车右，出宫后，让孔子坐在第二辆车子上跟从，大摇大摆地从市上走过。孔子说："我没有见过喜好道德像这样喜欢美色的人啊。"于是，对卫灵公的所作所为感到厌恶，就离开卫国，往曹国去了。

卫灵公是春秋时期卫国第二十八代国君，也是著名的昏君之一，以其爱好男宠，多猜忌，且脾气暴躁而留下不好的史学评价。回头想想，这评价似乎也很偏颇。卫灵公擅长识人，知人善任，也正是他与提拔的三个大臣仲叔圉、祝鮀、王孙贾合作，才使卫国的国家机器运行正常。虽限于国势未能称霸，但其所作所为丝毫不逊于齐桓晋文楚庄秦穆那些霸主们，为一代诸侯之佼佼者。所以，在鲁哀公问当今之君孰为最贤时，孔子也曾说过："丘未之见也，抑有卫灵公乎？"评价不谓不高。但孔子因不见用于灵公，故一时激愤，谓卫灵公好色无道，后人不察其义，妄为注解，遂将卫灵公抹黑。

**图注：孔子将近行，命弟子皆持盖，已而果雨。巫马期问曰：“何以知之？”子曰：“昨暮月宿毕，《诗》不云乎，‘月离于毕，俾滂沱矣。’以此知之。”**

**释读**：据《孔子家语·七十二弟子解第三十八》记载，有一次，孔子即将要出行，忽然要求弟子们都带上雨伞，大家不知老师的话是什么意思，但也遵照执行了。过了一会儿，天果然下起了大雨。弟子巫马期忍不住问孔子：“早晨天上还没有云彩，而且已经出了太阳，而夫子却让大家带上雨具，敢问夫子何以知道要下雨？”孔子说：“昨天傍晚月隐藏在毕星的后面，《诗·小雅》不是这样说过：‘月儿投入毕星，就等着大雨滂沱吧。’以此知道要下大雨啊。”

巫马期：陈人，字子期，少孔子三十岁。宿毕：星名，二十八宿之一，为白虎七宿的第五宿，有星八颗，以其分布之状像古代田猎用的毕网，故名。月离于毕：天象，指月儿投入毕星，有雨的征兆。

**图注：吴伐越，堕会稽，得骨节专车，使问孔子："骨何者最大？"孔子曰："禹致群神于会稽山，防风氏后至，禹戮之，其节专车，此为大矣。"**

**释读**：据《史记·孔子世家》记载，吴国攻打越国，把越国的国都会稽摧毁了，得到一节骨头，有一辆车长。吴国派使者来问孔子："什么骨头最大？"孔子说："大禹曾经召集群神到会稽山，防风氏迟到，大禹就把他杀死并陈尸示众，他的骨头一节就有一车长，这就是最大的骨头了。"

堕：同"隳"，毁坏。专车，一节骨头有一辆车长。致：召集。会稽山在浙江绍兴，公元前 2198 年，夏禹大会诸侯于此，成立中国第一个朝代"夏"，会稽从此名震华夏。防风氏：中国传说中上古人物或部落名，巨人族，他有三丈三尺高。防风氏是远古防风国（在今浙江德清县）的创始人，又称汪芒氏，传说今天汪姓的始祖。戮：陈尸。

**图注：孔子去曹过宋，与弟子习礼大树下，宋司马桓魋欲害之，拔其树。弟子曰：“可以速矣！”孔子曰：“天生德于予，桓魋其如予何！”**

**释读**：据《史记·孔子世家》记载，孔子离开曹国到达宋国，与弟子们在大树下演习礼仪。宋国的司马桓魋想杀死孔子，就把大树砍掉了。孔子只得离开这个地方。弟子们催促说：“我们可以快点走了。”孔子不慌不忙地说：“上天既然把传承道德的使命赋予我，桓魋他又能把我怎么样！”

孔子虽然知道桓魋奈何不了自己，但是该躲避时就赶紧躲开了，躲虽然躲了，但处之未尝不闲暇，这就是所谓的战略上藐视敌人，战术上重视敌人吧。

桓氏出自姜姓。齐襄公的儿子公子小白曾出奔莒国，襄公被杀后回到齐国继承君位，任用管仲进行改革，成为春秋五霸之首，死后谥“桓”，即齐桓公。其支庶子孙乃以谥为氏，称桓氏。其支庶子孙向鬼，又以王父的谥号为氏，称为桓魋。

桓魋：宋国主管军事行政的司马，宋桓公的后代，孔子的弟子司马牛的哥哥。桓魋生活奢侈，曾奴役工匠为自己造石椁，受到孔子的责备，于是怀恨在心，要杀孔子。

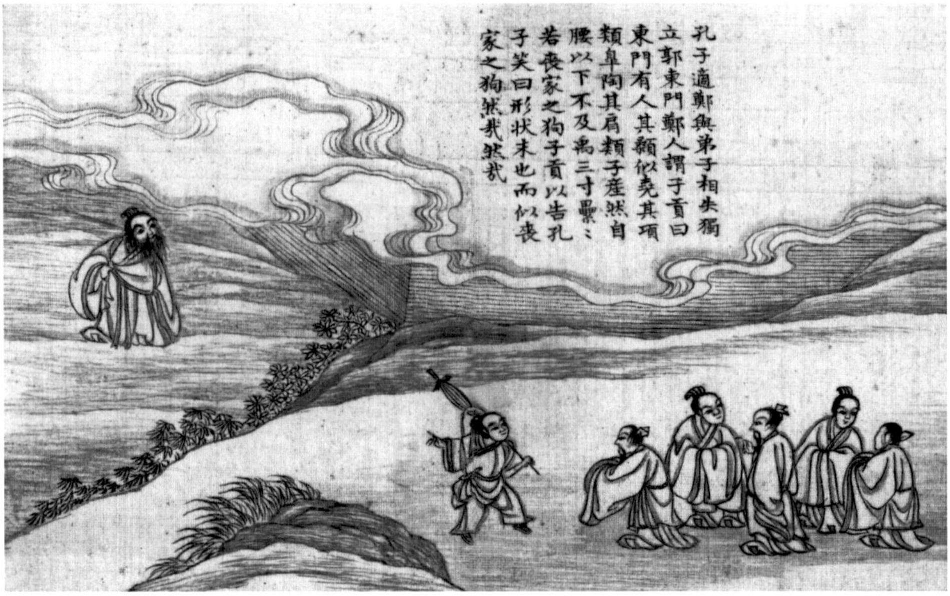


**图注：孔子适郑，与弟子相失，独立郭东门，郑人谓子贡曰："东门有人，其颡似尧，其项类皋陶，其肩类子产，然自腰以下，不及禹三寸，累累若丧家之狗。"子贡以告，孔子笑曰："形状末也，而似丧家之狗，然哉然哉！"**

**释读：**据《史记·孔子世家》记载，孔子刚到了郑国，就与弟子们走散了，独自一个人站在外城的东门口。子贡前去寻找老师，有郑国人就对子贡说："东门外有一个人，他的额头像唐尧，他的脖子像皋陶，他的肩膀像郑大夫子产，可是从腰部以下比禹短了三寸，一副狼狈不堪、没精打采的样子，活像一条丧家的狗。"子贡见面后就把原话如实地告诉了孔子。不料孔子竟然高兴地说道："他形容我的相貌，不一定对，但说我像条丧家的狗，说的对极了！对极了！"

郭：外城，在城的外围所加筑的城墙。颡：额头。要：同"腰"。累累：颓丧憔悴的样子。末：不重要、不准确。

**图注：孔子至陈，主司城贞子家，岁余，有隼集于陈廷，楛矢贯之，石砮，矢长尺有咫，陈湣公使问孔子，对曰："隼来远矣！此肃慎之矢也。昔武王克商，肃慎贡楛矢石砮，长尺有咫，先王欲昭其令德，分异姓以远方职，使无忘服，故分陈以肃慎矢。"试求之故府，果得之。**

**释读**：据《史记·孔子世家》记载，孔子到达陈国，寄住在司城贞子家里。过了一年多，有一天，有只隼落在陈国的宫廷中死了，有楛木做的箭穿在身上，箭头是石头制作的，箭长一尺八寸。陈湣公派使者向孔子请教，孔子说："这些隼是从很远的地方飞来的啊，这是肃慎部族的箭。从前周武王伐纣灭商，让九夷百蛮各族都贡献各自的地方特产，叫他们不能忘记自己的职责和义务。于是，肃慎部族献来楛木做的箭和石头制作的箭头，长一尺八寸。周武王为了显示他的美德，把远方的贡品分赠给同姓诸侯，是为了表示重视亲族；把远方的贡品分赠给异姓诸侯，是为了让他们不要忘记服从周王朝。所以，把肃慎部族的箭分给陈国。"陈湣公听了，叫人到过去收藏各方贡物的仓库中去找一找，果然找到了这种箭。

**图注：孔子去陈过蒲，会公叔氏以蒲畔止之。弟子有公良孺者，以私车五乘从孔子，为人长贤有勇力，谓曰："吾昔从夫子遇难于匡，今又遇难于此，命也！已吾于夫子再罹难，宁斗而死！"斗甚疾，蒲人惧，孔子遂适卫。**

**释读**：据《史记·孔子世家》记载，孔子在陈国居住了三年，正好遇上晋国、楚国、吴国一再攻打陈国，就离开了陈国要返回鲁国。路过一个叫蒲的地方时，正好遇上卫国大夫公叔氏据蒲反叛卫国，因担心孔子前往卫国，便扣留了孔子。弟子中有个叫公良孺的，曾自己带了五辆车子跟随孔子周游各地。他这个人身材高大，有才德，且有勇力，就对孔子说："我从前跟随老师周游曾在匡地遇到危难，如今又在这里遇到危难，也许是命里注定的吧，与其见到老师再次遭难，我宁愿搏斗而死！"于是跟蒲人激烈搏斗，蒲人见此害怕了，对孔子说："如果你不到卫国去，我就放你们走。"孔子同意后，蒲人才放他们从东门离去。孔子于是到了卫国。对于此事，子贡曾指责孔子说："盟约是可以违背吗？"孔子却辩解说："在要挟下订立的盟约，神是不会认可的。"

公良孺：妫姓，公良氏，名孺，字子正，一作子幼，又作公良儒、公襄儒，是陈国贵族子弟，孔子弟子。

**图注:孔子过蒲适卫,灵公闻孔子来,喜,郊迎问曰:“蒲可伐乎?”对曰:“可。”灵公曰:“蒲,卫之所以待晋楚也,以卫伐之,无乃不可乎?”孔子曰:“其男子有死之志,其妇人有保西河之志,吾所伐者不过四五人。”灵公曰:“善。”(臣谨案:《史记》所载孔子初适卫,卫人致粟六万,无郊迎事。后再至,卫灵公郊迎而问伐蒲,前后相距四年,旧图误以两事为一,兹从《史记》更正。)**

**释读**:据《史记·孔子世家》记载,孔子经过蒲地来到卫国,卫灵公听说孔子到来,很高兴,亲自赶到郊外迎接。灵公问孔子说:“蒲这个地方可以讨伐吗?”孔子回答说:“可以。”灵公说:“现在的蒲是防御晋、楚两国的屏障,用我们卫国的军队去攻打它,恐怕是不可以的吧?”孔子说:“蒲地的男子有誓死效忠卫国的决心,妇女有守卫西河这块地方的愿望。我所说要讨伐的,只是四五个领头叛乱的人罢了。”卫灵公说:“很好。”但是,后来始终没有出兵去讨伐叛乱,也不起用孔子。孔子长叹了一声说:“如果有人起用我,一年时间就差不多了,三年的话就会大见成效!”只好再次离开卫国。

**图注：孔子之卫，遇旧馆人之丧，使子贡税骖而赙之。子贡曰："无乃已重乎？"子曰："予向者入而哭之遇，于一哀而出涕，予恶夫涕之无从也，小子行之！"**

**释读**：据《孔子家语·曲礼子夏问第四十三》记载，孔子前往卫国的时候，遇到一个原来替他管理客舍的人去世，孔子亲自前往祭奠，哭得很悲痛。走出丧家的门，还让子贡从马车上解下一匹马作为丧仪。子贡不理解，指责孔子说："您对弟子去世也没有送一匹马作为丧仪，却对替您管理客舍的人去世赠送一匹马，这丧礼是不是太重了？"孔子却说："我刚才前去哭奠死者，第一声哭就已经泪流不止了（确实很悲伤），考虑到非常悲伤的心情难以表达，所以要再从马车上解下一匹马作为丧仪，你只管去照我吩咐去做就是了。"

孔子坚持认为，既然对死者哭得很伤心，说明自己对死者很有感情，所送丧仪不妨也可以厚一点。馆人：古代掌管馆舍的人。税骖：解下骖马。税：通"脱"。后遂以"税骖"为临故人之丧或追念已亡故人之典，亦借以指故人亡故。

**图注：子击磬于卫，有荷蒉而过孔氏之门者曰："有心哉，击磬乎！"**

**释读**：据《史记·孔子世家》记载，孔子在卫国期间，有一次，孔子正敲击着磬来解闷，正好有个背着草筐的人路过门口，说道："有心思啊，这个击磬的人！磬敲得又响又急！既然人家不赏识自己，那就算了吧！"又说："可悲啊，把磬敲击得硁硁响却不自知，只知道自己却不知时代已变。涉浅水提起衣服即可免湿，涉深水提起衣服也免不了湿，干脆任衣服垂下吧。"意思是有心人不必固执，天下无道，就应该归隐。不料孔子听见他的话便说："如果人人都这样，把磬击得硁硁响，只为自己，不为他人，那就不难了。"

说击磬者是有心人，孔子击磬当然有心思，他为了实现其倡导的仁德礼治，苦心探求，并且认识到政治家必须具有很高的道德修养，并据此以安人、以安百姓。它表现了孔子人生价值中对理想人格的追求，很自然地成为当时为政者和士人的准则。

磬：用石或玉制成的一种打击乐器。荷：扛、担着。蒉：用草编的盛土器具。

**图注：孔子学琴师襄，十日不进，襄子曰："可以益矣。"孔子曰："未得其数也。"有间，曰："未得其志，未得其为人也。"有间，曰："得其为人，黯然而黑，颀然而长，眼如望羊，心如王四国，非文王谁能为此也！"襄子避席再拜曰："师盖云《文王操》也。"**

**释读**：据《史记·孔子世家》记载，孔子向师襄子学习弹琴，一连学了十天也没新增曲子。师襄子说："可以学些新曲了。"孔子说："我已经熟习乐曲了，但还没有熟练地掌握弹琴的技法呢。"过了些时候，师襄子又说："你已熟习弹琴的技法了，可以学些新曲子了。"孔子说："我还没有领会乐曲的情感意蕴呢。""可以学些新曲了。"孔子说："我还没有体会出作曲者是怎样的一个人。"又过了些时候，孔子表情肃穆沉静，好像在深思着什么，接着又心旷神怡，显出志向远大的样子。说："我体会出作曲者是个什么样的人了，他的肤色黝黑，身材高大，目光明亮而深邃，好像一个统治四方的王者，除了周文王又有谁能够如此呢！"师襄子恭敬地离开座位，给孔子拜了两拜，说："我老师原来说过，这是《文王操》呀。"

**图注：孔子既不得用于卫，将西见赵简子，至河而闻窦鸣犊、舜华之死也，临河而叹曰："美哉！水洋洋乎，吾之不济此，命也夫！"子贡趋而进曰："何谓也？"子曰："窦鸣犊、舜华，晋之贤大夫也，赵简子未得志，须此两人而后从政。及其已得志，杀之乃从政！夫鸟兽之于不义也，尚知避之，而况人乎！"乃还。**

**释读**：孔子打算西游晋国去见赵简子，希望得到重用。刚到黄河边，就听到晋国大夫窦鸣犊、舜华被杀的消息，于是感慨地叹气说："壮美啊黄河水，浩浩荡荡多么盛大，我不能渡过黄河，是命运的安排吗！"子贡赶上前去问："请问夫子这话是什么意思？"孔子说："窦鸣犊、舜华两个人，都是晋国有才德的大夫。当初赵简子还没有得志的时候，是依靠这两个人才得以从政的；等到他得志了，却杀了他们来执掌政权。我听说过，一个地方剖腹取胎杀害幼兽，麒麟就不来到它的郊野，排干了池塘水捉尽其中的鱼，那么龙就不调合阴阳来兴云致雨了，倾覆鸟巢毁坏鸟卵，凤凰就不愿来这里飞翔。那些鸟兽对于不义的行为尚且知道避开，何况是我孔丘呢！"于是便回到老家，创作了《陬操》的琴曲来哀悼窦鸣犊、舜华两位贤人。

**图注：孔子自陈返乎卫，灵公问兵陈，孔子对曰："俎豆之事则尝闻之，军旅之事未之学也。"明日，与孔子语，见蜚鹰，仰视之，色不在孔子，孔子遂行，复如陈。**

**释读**：孔子从陈国返回卫国后，有一天，卫灵公向孔子问起军队列阵作战的事。孔子回答说："祭祀的事我倒曾经听说过，排兵布阵的事，我还不曾学过呢。"第二天，卫灵公与孔子谈话的时候，看见空中飞来大雁，就只顾抬头仰望，神色不在孔子身上。孔子感到自己与卫灵公志趣不同，于是就离开了卫国，又到了陈国。

孔子说自己不懂得列阵作战的方法，应该是敷衍卫灵公，数年前孔子因寻访已逝的卫国大臣公叔文子的事迹，与背叛卫国的公叔文子的儿子公叔戌有过交往，因此受到监视，不得已离开卫国。当经过卫国叛臣公叔戌据守的蒲邑时，子路、子贡、公良孺等弟子们就与蒲邑叛乱分子进行过激烈的战斗。孔子以此告诉卫灵公，不能偏离仁政建设国家的根本而专走军事路线。卫灵公举头观望空中飞雁，无论是有意无意，这种失礼的举动都只能让孔子明显地感觉一种话不投机、貌合神离的冷场，因此选择当即离开卫国。

**图注：陈侯起凌阳台，未终而坐法者数十人，又执三监吏。夫子适陈闻之，见陈侯，与俱登台而观焉。夫子曰："美哉斯台！自古圣王之为城台，未有不戮一人而能致功若此者也。"陈侯默而退，遂窃赦所执吏。**

**释读**：陈侯修筑凌阳台，台还未修成，被处死的就有好几十人，还把三个监吏抓了起来，群臣中没有敢进言劝阻的。这时孔子恰好到了陈国，听说了这件事情。他去见过陈侯后，与陈侯一起登上凌阳台四下观望。孔子上前祝贺说："凌阳台多么美啊！陈王多么贤德啊！从古至今，凡是圣人修筑城台，哪里有不杀一个人而把城台修成这样的！"陈侯内心有愧，默然不语，派人放掉了被抓起来的三个监吏。

陈侯即陈惠公妫吴，春秋时期陈国君主之一。他是陈哀公孙子、悼太子妫师（也作妫偃师）的儿子，公元前 534 年十一月陈国灭亡后，楚平王为求与诸侯和好，于公元前 529 年立他为陈国君主，陈国复国。他即位后追述公元前 533 年为元年，在位期间为公元前 533 ～公元前 506 年，前后共在位二十八年。

**图注：孔子在陈，陈侯就之燕游，路人云：“鲁司铎灾及宗庙。”以告孔子，曰：“灾必桓厘乎？”陈侯曰：“何以知之？”曰：“礼，祖有功，宗有德，故不毁其庙。今桓厘亲尽而庙不毁，是以天灾加之。”三日，鲁使至，问焉，则桓厘也。陈侯谓子贡曰：“今乃知圣人之可贵。”**

**释读**：据《孔子家语·辩物第十六》记载，孔子在陈国时，陈侯陪同孔子出外游览. 有路上行人说：“鲁国司铎不小心，失火把宗庙烧了。”随行的人就把此消息告诉了孔子。孔子说：“着火的一定是桓公、僖公的庙了。”陈侯听后很惊奇，就问：“先生何以知之？”孔子说：“礼，祖上有大功劳、有大德行，其祖庙才能存而不废。今桓公、僖公既没有嫡传后人，其功德又不足使其庙存而不废，鲁人没有将其庙拆除，因此借助天灾将其毁弃。”三日后，鲁国使者来到陈国告变，经询问，发生火灾的果然是鲁桓公、鲁厘公的庙。陈侯颇为叹服，对子贡说：“我今天才知道圣人的可贵之处了。”

司铎：鲁国掌管文教的官，相传古代宣布教化的人必摇木铎以聚众，故称。桓厘：即鲁桓公、鲁厘公。鲁桓公：名允，一名轨，鲁国第十五代国君。鲁厘公：即鲁僖公，鲁国的第十八位君主，一生贪图享受，碌碌无为。

**图注：孔子如叶反乎蔡，长沮、桀溺耦而耕，孔子以为隐者，使子路问津焉。**

**释读**：据《史记·孔子世家》、《论语·微子第十八》记载，孔子离开楚国的叶地回到蔡国，在路上遇见长沮、桀溺两人正在并肩耕田，孔子以为他们是隐士，就叫子路前去打听渡口在什么地方。长沮说：“那个拉着马缰绳的人是谁啊？”子路回答说：“是孔丘。”长沮又问：“是鲁国的孔丘吧？”子路说：“正是。”长沮说：“那他应该知道渡口在哪儿了。”桀溺又问子路：“你是谁？”子路说：“我是仲由。”桀溺说：“你是孔丘的门徒吗？”子路说：“正是。”桀溺说：“现在天下到处动荡不安，而谁又能改变这种现状呢？与其跟着那逃避乱世的人四处奔走，还不如跟着我们这些躲避乱世的人呢？”说完，不再理睬子路，继续专心耕起田来。子路把此话告诉了孔子，孔子失望地说：“我们不能居住在山林里与鸟兽同群啊，要是现在天下太平，我也用不着到处奔走、想着改变这个局面了。”

长沮、桀溺：指两个在水洼地里劳动的高大魁梧的人。长、桀，都形容高大；桀，通“杰”。沮：低湿的洼地。溺：浸在水洼中。耦而耕：两人并耕，两个人各执一耜（一种农具），配合并耕，这种耕作方法叫耦。津：渡口。

**图注：孔子在陈蔡之间，楚使人聘孔子，孔子将往陈，蔡大夫谋曰："孔子贤者，所刺讥皆中诸侯之疾，孔子用于楚，则陈蔡用事大夫危矣。"乃相与发徒役围于野，不得行。绝粮，从者病，莫能兴。孔子讲诵弦歌不衰，楚昭王兴师迎孔子，然后得免。**

**释读**：据《史记·孔子世家》记载，孔子迁居蔡国三年，吴国攻打陈国，楚国救援陈国，军队驻扎在城父。听说孔子住在陈国和蔡国的边境上，便派人去聘请孔子。孔子正要前往楚国接受聘礼，陈国、蔡国的大夫们商议说："孔子是位有才德的贤人，他所指责讽刺的都切中诸侯的弊病。如今长久地停留在我们陈国和蔡国之间，大夫们的所作所为都不合仲尼的意思。如今的楚国是个大国，却来聘请孔子。如果孔子在楚国被重用，那么我们陈蔡两国掌权的大夫们可就危险了。"于是联合起来，派服劳役的人把孔子围困在野外。孔子和他的弟子无法行动，粮食也断绝了。跟从的弟子饿病了，站都站不起来。孔子却还在不停地给大家讲学，朗诵诗歌、歌唱、弹琴。子路很生气地来见孔子："君子也有困窘的时候吗？"孔子说："君子在困窘面前能坚守节操不动摇，人小遇到困窘就会不加节制，什么过火的事情都做得出来。"后来，多亏楚昭王派兵来迎孔子，孔子及其弟子才得以离开。

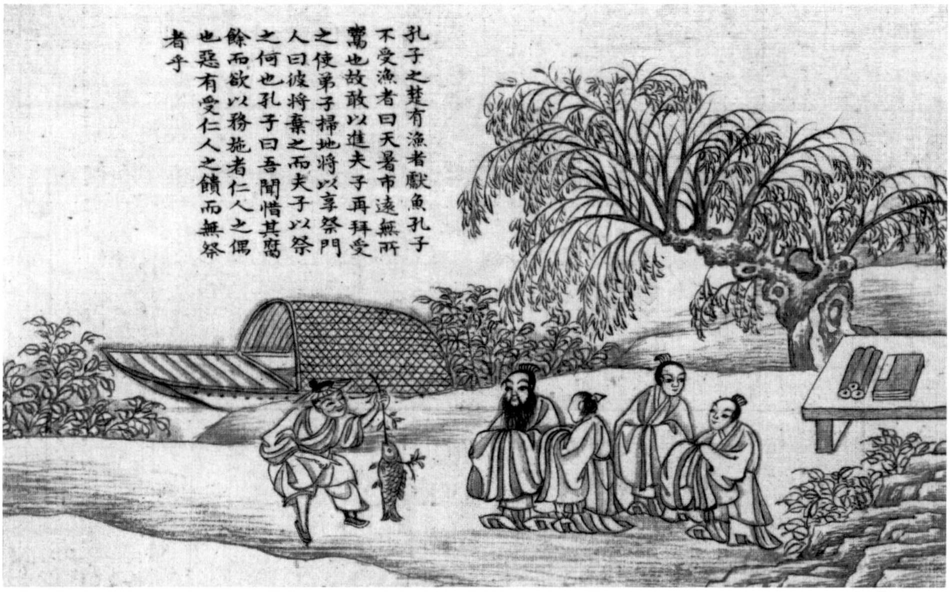


**图注：孔子之楚，有渔者献鱼，孔子不受，渔者曰："天暑市远无所鬻也，故敢以进夫子。"再拜，受之，使弟子扫地，将以享祭。门人曰："彼将弃之，而夫子以祭之，何也？"孔子曰："吾闻，惜其腐余而欲以务施者，仁人之偶也，恶有受仁人之馈而无祭者乎？"**

**释读**：据《孔子家语·致思第八》记载，孔子来到楚国，遇到一个渔夫要把捕到的鱼送给孔子，孔子婉言拒绝了。渔夫诚恳地说："因为天气炎热，距离市场遥远，捕到的鱼无法卖掉，考虑到与其把它作为无用的东西扔掉，还不如送给君子您呐，所以就送到您这里了。"于是，孔子郑重拜谢后接受下来，并让弟子们把地打扫干净，准备举办一个祭祀仪式。有弟子不以为然，说："人家给您的是准备扔掉的东西，而夫子却为此要举办一个祭祀仪式，这是什么道理啊？"孔子说："我听说过，能够珍惜即将腐烂的东西，把它施舍给别人的人，也是一个有爱心的人，哪里有接受爱心人士的馈赠，而无举办祭祀仪式的道理呢？"

享祭：祭祀。恶有：哪里有。

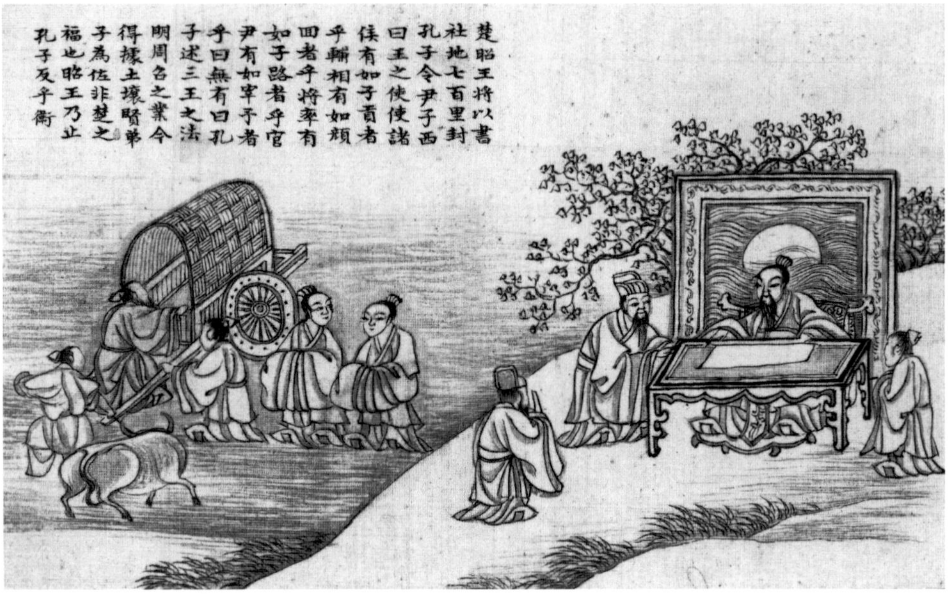


**图注：楚昭王将以书社地七百里封孔子，令尹子西曰："王之使使诸侯有如子贡者乎？辅相有如颜回者乎？将率有如子路者乎？官尹有如宰予者乎？"曰："无有。"曰："孔子述三五之法，明周召之业，今得据土壤，贤弟子为佐，非楚之福也。"昭王乃止，孔子反乎卫。**

**释读**：楚昭王想把有户籍登记的七百里地方封给孔子。楚国的令尹子西阻止说："大王派往各侯国的使臣，有像子贡这样的人吗？"昭王说："没有。"子西又问："大王的左右辅佐大臣，有像颜回这样的人吗？"昭王说："没有。"子西又问："大王的将帅，有像子路这样的人吗？"昭王说："没有。"子西再问："大王的各部主事官员，有像宰予这样的人吗？"昭王回答说："没有。"子西接着说："我们楚国的祖先在受周天子分封时，封号是子爵，土地跟男爵相等，方圆只有五十里。现在孔子讲述三皇五帝的治国方法，申明周公旦、召公奭辅佐周天子的事业，大王如果任用了他，那么楚国还能世世代代保有方圆几千里的土地吗？想当年文王在丰邑、武王在镐京，作为只有百里之地的君主，最终却统一了天下。现在如让孔子拥有那七百里土地，再加上那些有才能的弟子们辅佐，这不是楚国的福音啊。"昭王听完就打消了原来的想法。

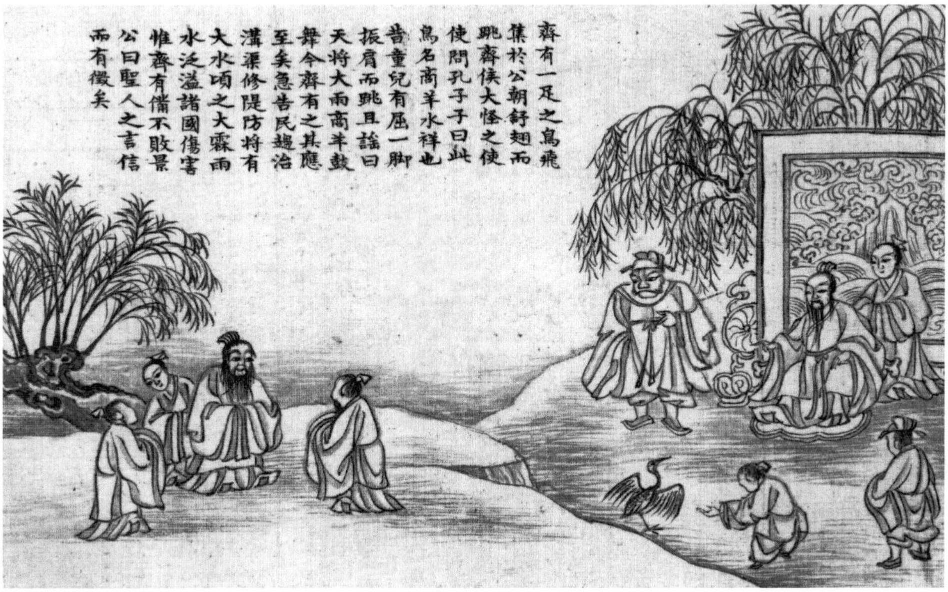


**图注：齐有一足之鸟，飞集于公朝，舒翅而跳，齐侯大怪之，使使问孔子，子曰："此鸟名商羊，水祥也。昔童儿有屈一脚振肩而跳，且谣曰：天将大雨，商羊鼓舞。今齐有之，其应至矣。急告民，趋治沟渠，修堤防，将有大水。"顷之，大霖雨，水泛溢，诸国伤害，惟齐有备，不败。景公曰："圣人之言，信而有征矣。"**

**释读**：据《孔子家语·辩政第十四》记载，齐国出现了一种独足的鸟，飞集于齐国的宫廷之间，时不时降落在殿前，展开翅膀跳跃着，齐侯见此大觉奇怪，就派使者前往鲁国，请教孔子。孔子说："此鸟名商羊，是出现水灾的征兆。从前就有儿童弓着一条腿，振臂而跳且歌：'天将大雨，商羊鼓舞。'今齐国出现商羊，就要出现水灾了。赶紧动员老百姓抓紧疏通沟渠，修固堤防，马上就要有大水灾了。"不久，果然出现了大暴雨，各诸侯国都发生了洪涝灾害，伤害民人不少，只有齐国早有准备，没有受到多少损失。齐景公感慨地说："圣人之言，不得不相信啊。"

商羊：传说中的鸟名。据传说，大雨前，常屈一足起舞。商羊鼓舞，流传于山东省菏泽市鄄城县李进士堂镇杏花岗陈刘庄的一种民间祭祀求雨舞蹈。相传此舞成于商汤之前母系社会，距今已有 4500 多年的历史。

**图注：楚昭王渡江，江中有物，大如斗，圆而赤，直触王舟，王大怪之，遍问群臣，莫能识，使使问孔子，孔子曰："此萍实也，可剖食之。惟霸者能获焉。"王食之大美，使来以告，鲁大夫因子游问曰："夫子何以知其然乎？"子曰："吾昔过乎陈之野，闻童谣曰：楚王渡江得萍实，大如斗，赤如日，剖而食之，甜如蜜。此楚王之应也，吾是以知之。"**

**释读**：据《孔子家语·致思第八》记载，楚昭王路过萍乡，在过河时见到河面上有东西顺流而下，大如斗，体圆而色赤，直冲王舟，昭王令船夫捞上一些，遍问群臣是什么东西，大家都不认识。于是楚王派使臣带着那东西和礼品去请教孔子。孔子见物惊喜地说："这是萍实，可以剖开吃，是吉祥之物，只有成就霸业的国君才能得到呀！"使臣回去后，将孔子的话告诉了楚王，楚王吃了感觉味道很好，又派使臣前往鲁国告知。鲁国大夫托子游请教孔子其中的奥妙，问："先生怎么知道是萍实呢？"孔子说："我过去周游列国的时候，曾在陈国听到一首童谣：楚王渡江得萍实，大如斗，圆而赤，剖而食之，甜如蜜。楚昭王正应了这个童谣，所以我知道。"

**图注：楚狂接舆歌而过孔子，孔子下，欲与之言，趋而避之，不得与之言。**

**释读**：据《论语·微子》、《史记·孔子世家》记载，孔子在楚国的时候，狂人接舆有一天唱着歌走过孔子的车子，孔子下了车，想和他谈谈，但他却快步走开了，没能跟他说上话。于是，孔子从楚国返回了卫国。

楚狂接舆：春秋时楚国的隐士，原名陆接舆，平时“躬耕以食”，佯狂不仕，所以也被人们称为“楚狂接舆”。《论语·微子》记载，他以《凤兮歌》讽刺孔子，说：“凤凰呀，凤凰呀，你的美德为什么这么不景气？过去的不能再挽回，未来的还可以再赶得上，算了吧，算了吧！现在从政的人都是很危险的啊！”并拒绝和孔子交谈。歌而过孔子：唱着歌儿从孔子旁边走过。

楚狂把孔子比喻为凤凰，汉孔安国说：“比孔子于凤鸟，凤鸟待圣君乃见。非孔子周行求合，故曰衰。”孔子以“圣”为先，顺时而不待时；楚狂知道孔子之“圣”，但认为只能待时而后圣。孔子下车，要与楚狂交谈是合乎情、中乎礼的做法，若非如此，不见孔子之圣；楚狂不与孔子交谈，是只尽心而不邀名的做法，若非如此，不见楚狂之狂。孔子之圣，是世上极少人能够达到这个境界的，能有“狂者”相知，亦可谓幸事。

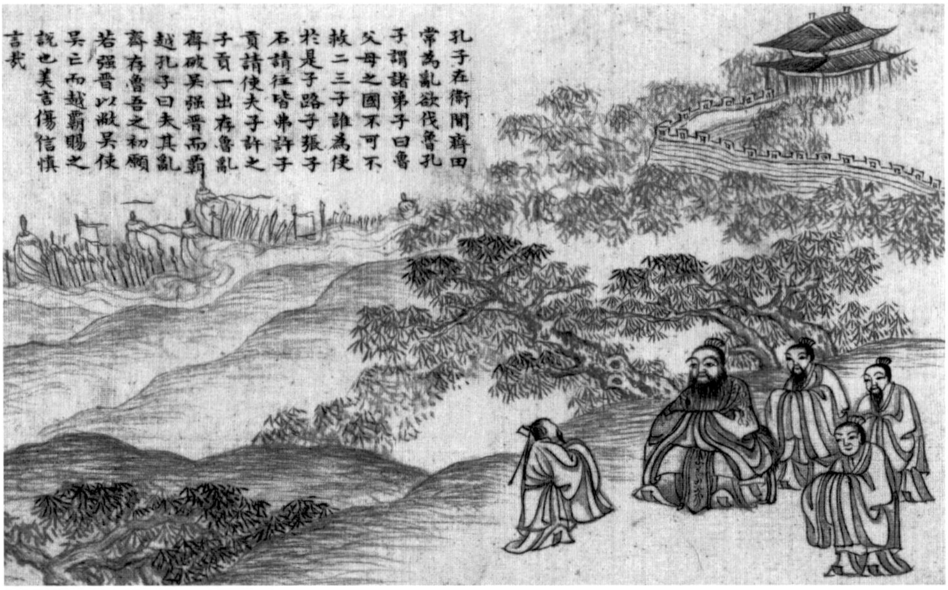


**图注：孔子在卫，闻齐田常为乱，欲伐鲁。孔子谓诸弟子曰："鲁，父母之国，不可不救，二三子谁为使？"于是子路、子张、子石请往，皆弗许。子贡请使，夫子许之。子贡一出，存鲁、乱齐、破吴、强晋而霸越。孔子曰："夫其乱齐存鲁，吾之初愿。若强晋以敝吴，使吴亡而越霸，赐之说也。美言伤信，慎言哉！"**

**释读**：据《孔子家语·屈节解第三十七》记载，孔子在卫国时，听说齐国大夫田常欲专权，想发兵攻打鲁国。孔子召集弟子们，动员说："鲁国是我们的父母之国，不可不救助，不忍心看着她受到攻击，所以我派一个使者前去阻止田常攻打鲁国，您们谁愿意出使？"子路、子张、子石先后要求出使齐国，都被孔子拒绝了。于是，在子路等三人动员下，子贡表示愿意出使齐国，孔子同意了。子贡于是奔走、游说于吴、齐、晋等诸侯之间，终使鲁国得以保存、齐国因内乱受到削弱、吴国破灭、晋国变得强大、而越国成就霸业。孔子曾说："子贡依靠善辩扰乱齐国以保存鲁国，这是我的本来心愿。使晋国强大以削弱吴国，而最终使吴国灭亡、越国成就霸业，靠的也是子贡的能言善辩。美妙的言辞能够打动人心，却容易伤害一个人的诚信，言语应该慎重啊。"

**图注：子路治蒲，孔子过之，三称其善。子贡问曰："未见其政而称其善，可得闻与？"曰："吾见其政矣。入其境，田畴易，草莱辟，沟洫深治，此其恭敬以信，故民尽力也。入其邑，墙屋固，树木茂，此其忠信以宽，故民不偷也。至其庭，庭甚清，闻诸下用命，此其明察以断，故政不扰也。以此观之，虽三称其善，庸尽其美乎？！"**

**释读**：据《孔子家语·辩政第十四》记载，子路治理蒲邑三年后，孔子路过蒲邑，走到其境内时称赞说："子路做得真不错，做到了恭谨敬慎而又有信用了。"走到城中时，又称赞说："子路做得真好，做到了忠信而宽厚了。"到了子路办公衙门内，再次称赞说："子路做得真好啊，做到了明察而又有决断了。"子贡询问其因，孔子说："他的境内耕地都整理好了，杂草都铲除了，田间的水道也加深了，因为他恭谨敬慎有信用，百姓才会尽力去做啊。走到城里时，看到垣墙和屋宇都完好牢固，树木长得很茂盛，因为他的政令有信而宽厚，百姓才不苟且马虎啊。走进他的衙门，那里清静闲暇，下面办事的人都很效力、服从命令，这是因为他明察一切，而又非常果断，所以他的政令没有扰民啊。从这些方面来看，即使我连续三次称赞他做得好，又怎能将他的好说尽呢？"

**图注：子游为武城宰，子之武城，闻弦歌之声。**

**释读**：据《史记·仲尼弟子列传》记载，子游随从孔子学习一段时间后，被季氏委任为武城的长官。子游尊崇孔子的儒学思想，身体力行，倡办教育，教化民众。当地风气为之一变，崇尚礼仪的风尚蔚然成风。孔子经过武城，时时能听到弦歌之声，颇为自得地说："杀鸡哪里用得着杀牛的刀啊？"意思是子游有点大材小用了。不料子游却说："从前我听老师说过这样一句话：有道德的人学习本事是为了去爱人，品质低劣的人学习本事是为了满足自己的私利！"意思是学习本事是为了替百姓做事，不在乎事情的大小。孔子听后大为惭愧，说："大家记着，子游说得对，我刚才说的话只是一句玩笑话。"

言偃：字子游，吴人，以字行。周敬王十四年生，仲尼弟子，以文学称。武城：亦称南武城，鲁国邑名，在今山东费县西南。武城宰，武城的长官。弦歌：演奏琴瑟等弦乐器作为伴奏歌唱。

**图注：孔子自卫返鲁，幽谷之中，见香兰独秀，喟然叹曰："兰当为王者香，今乃与众草为伍！"乃止车，援琴鼓之，自伤不遇于时，托辞于幽兰云："习习谷风，以阴以雨，之子于归，远送于野。何彼苍天，不得其所，逍遥九州，无有定处。时人暗蔽，不知贤者，年纪逝迈，一身将老！"遂适卫。**

**释读**：据蔡邕《琴操》记载，孔子即将从卫国返回鲁国途中，来到一处幽谷之中，看见一株香兰长得异常茂盛，想到自己周游列国不得赏识，不觉喟然长叹："高洁的兰花本应当为王者做伴，现如今却只能与众杂草为伍！"于是停下车子，援琴而鼓，悲伤于自己不得用世的际遇，创作了《幽兰操》这首琴曲："山谷的风啊，轻轻吹拂。天阴了，就要下雨了。我这可怜的人啊，就要回去了，远远地相送啊，来到了原野。苍天茫茫啊，我为什么找不到出路？游走于九州之地，四海之大，却没有我的安身之处！时人啊是多么的愚昧，竟然不能识别真正的贤士。岁月啊，就这样匆匆地逝去，可怜的我啊，就要老了！"随即转回卫国。

之子于归：出自《诗经·国风·周南·桃夭》，指这位女子就要出嫁了。

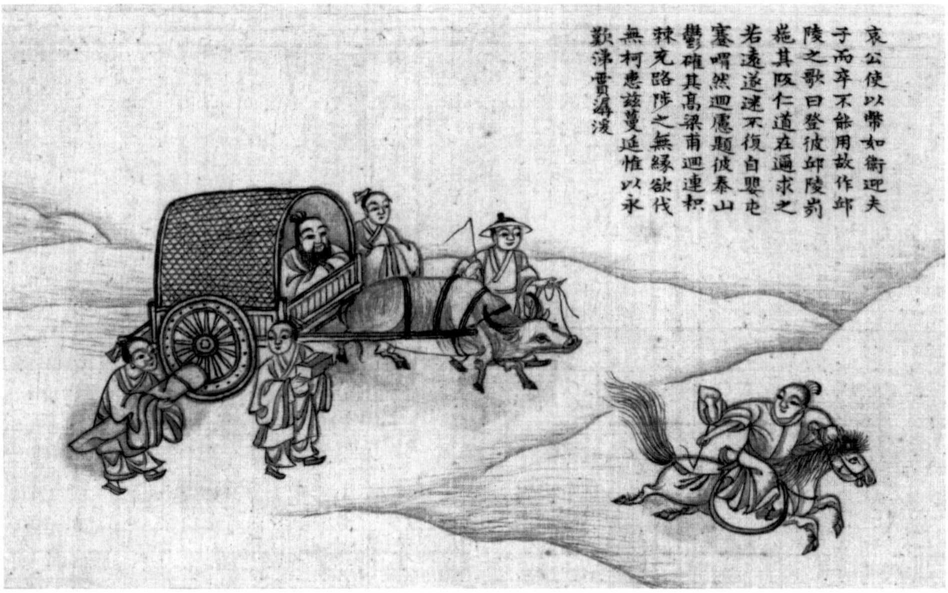


**图注：哀公使以币如卫迎夫子，而卒不能用，故作邱陵之歌曰："登彼邱陵，峛崺其阪。仁道在迩，求之若远。遂迷不复，自婴屯蹇。喟然回虑，题彼泰山。郁确其高，梁甫回连。积棘充路，陟之无缘。欲伐无柯，患兹蔓延。惟以永叹，涕实潺湲！"**

**释读**：鲁哀公派使者携带金币前往卫国把孔子请回鲁国，而最终还是不能加以重用，孔子很伤感，创作了《邱陵之歌》："沿着崎岖不平的山道，攀爬着前面的山岭。仁爱的正道就在眼前，却偏偏要向远方去追寻。执迷不悟啊，却甘愿经历艰难困苦。想起来令人感叹啊，题写于这巍巍泰山。高高的山顶上啊，林木茂盛；山下的梁甫山啊，连绵不绝；山路上满是荆棘啊，无处攀爬；想砍去这些荆棘啊，却没有锋利的斧子。看着这些荆棘到处蔓延啊，只能够连声悲叹。伤心的泪水啊，慢慢地充溢满面！"

峛崺：连绵不断貌；阪，山上供上下行走的斜道。屯蹇：《易》屯卦和蹇卦的并称，意谓艰难困苦，不顺利。梁甫：又名梁父，泰山下的小山，古时死人丛葬的地方。潺湲：水慢慢流动的样子。

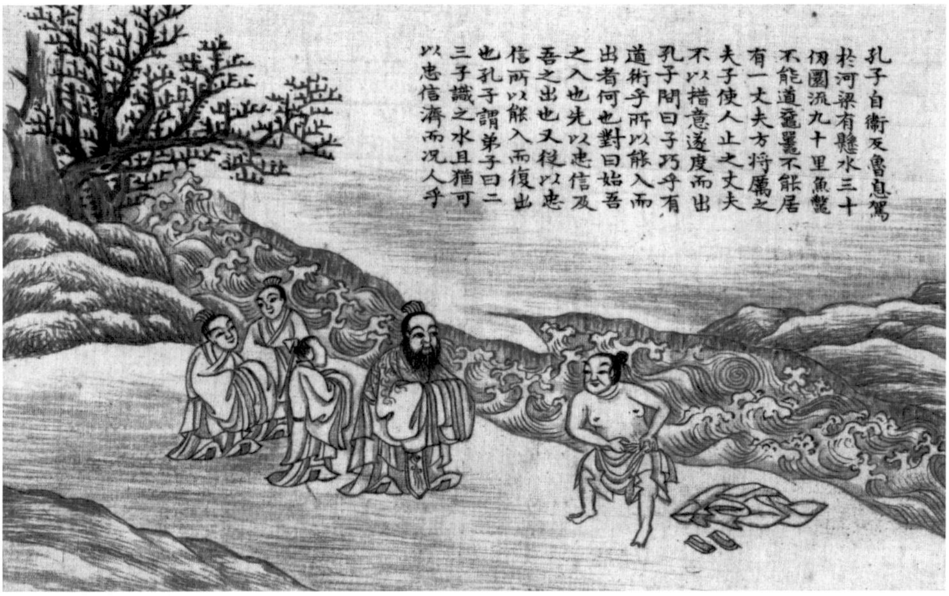


**图注：孔子自卫反鲁，息驾于河梁，有悬水三十仞，圜流九十里，鱼鳖不能道，鼋鼍不能居，有一丈夫方将厉之，夫子使人止之，丈夫不以措意，遂度而出，孔子问曰："子巧乎？有道术乎？所以能入而出者，何也？"对曰："始吾之入也，先以忠信；及吾之出也，又从以忠信。所以能入而复出也。"孔子谓弟子曰："二三子识之，水且犹可以忠信济，而况人乎！"**

**释读**：据《孔子家语·致思第八》记载，孔子从卫国返回鲁国途中，经过一条大河，孔子便在渡口处停下车歇歇脚，顺便看看风景。只见此处有飞瀑高达二十余丈，回流湍急，奔腾数十里，不仅一般的鱼鳖无法经过，就是大鳖和鳄鱼也难于在此生存。却见有一身材高大的男子要涉水而过。孔子担心危险，就派人前去阻拦，男子却毫不在意，很轻盈地通过了水幕。求教说："您难道是熟能生巧，还是会道术？所以能来去自如的原因是什么啊？"那男子却说："我开始通过那里，靠的是忠信意念；等到我返回时，依靠的仍旧是忠信意念；依靠忠信意念，我身涉于波流之间，不敢有任何私心杂念，所以能来去自如啊。"孔子听后大受启发，就对弟子们说："你们都要记着，河水尚且可以忠信意念密切接触，人类之间更应该以忠信相处了！"

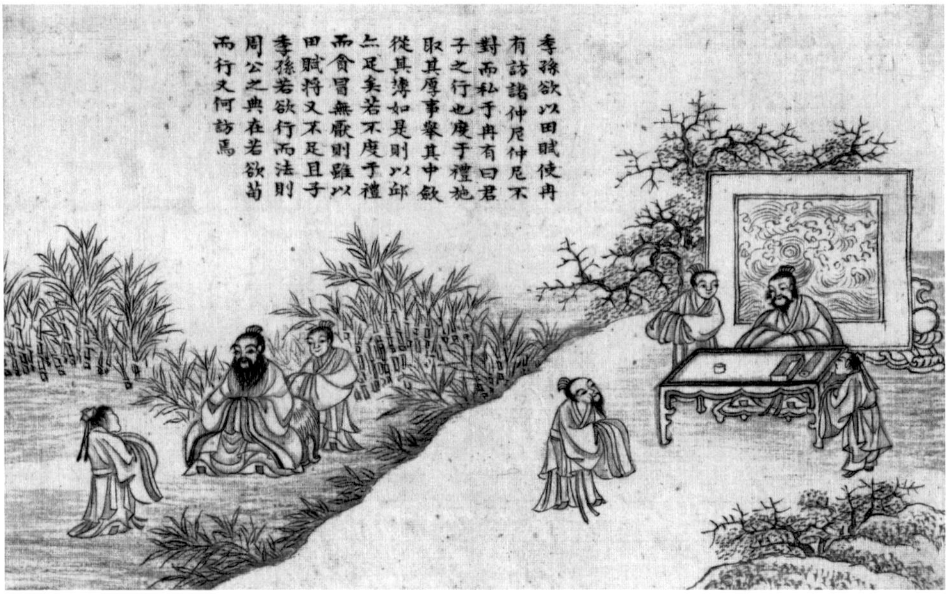


**图注：季孙欲以田赋，使冉有访诸仲尼，仲尼不对，而私于冉有曰："君子之行也，度于礼，施取其厚，事举其中，敛从其薄，如是，则以邱亦足矣。若不度于礼，而贪冒无厌，则虽以田赋，将又不足，且子季孙若欲行而法，则周公之典在，若欲苟而行，又何访焉！"**

**释读**：据《孔子家语·正论解第四十一》记载，季孙想按地亩收税，派冉有向孔子咨询，孔子说："这我可不知道。"而私下却对冉有说："君子行事，一定要遵从于礼。施惠于人尽量优厚，办理事情务必恰当，征收租税要按最低标准，如此的话，就是我孔邱也感到很满足了。如果不能遵从于礼，而贪得无厌，即使按地亩收税，也会逐渐感到不满足。况且，季孙如果想依法行事，则有周公制定的成法在，可以遵照而行；如果只是想苟且行事，又何必请教我呢！"

孔子不愿意看到季孙改变先王的制度，也不愿意看到人民的税负加重，所以有此表现。冉有：名求，字子有。鲁国人，孔丘弟子，曾为鲁国贵族季孙氏家臣，孔子称其"可使治赋"。冉有帮助季氏发展新兴地主阶级势力，孔子对此极为不满，要弟子"鸣鼓而攻之"。

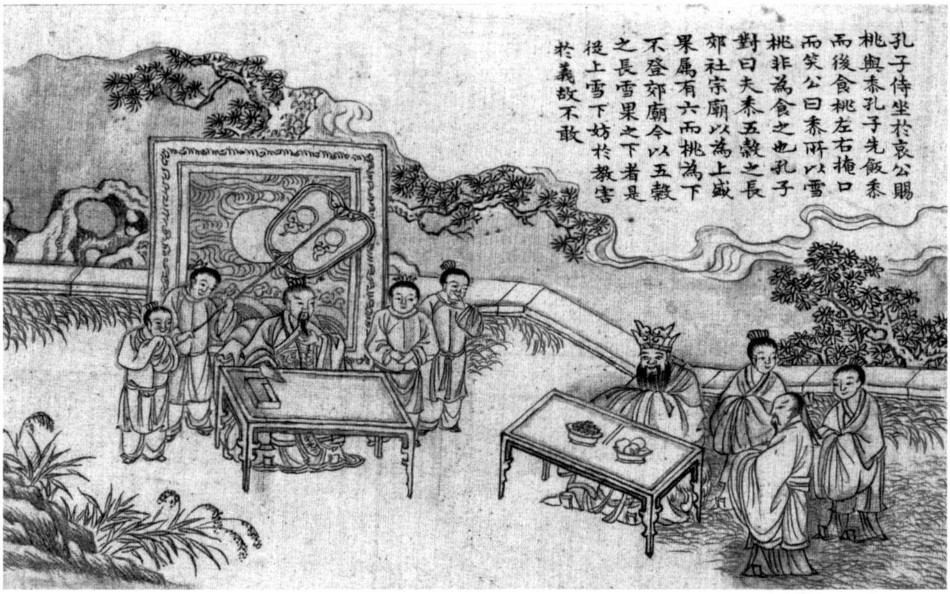


**图注：孔子侍坐于哀公，赐桃与黍，孔子先饭黍而后食桃，左右掩口而笑。公曰："黍所以雪桃，非为食之也。"孔子对曰："夫黍，五谷之长，郊社宗庙以为上盛，果属有六，而桃为下，不登郊庙，今以五谷之长，雪果之下者，是从上雪下，妨于教，害于义，故不敢。"**

**释读**：据《韩非子·外储说左下》记载，孔子陪坐在鲁哀公身边，鲁哀公赐孔子桃子和黍子，孔子先吃黍子而后吃桃子，鲁哀公身边侍从忍不住掩口而笑，鲁哀公也告诉孔子说："黍子并不是吃的，而是用来擦拭桃子的。"孔子却回答说："我知道这种用法。可黍子是五谷中排在第一位的东西，祭祀先王时它是上等的祭品。瓜果蔬菜有六种，而桃子为下等品，祭祀先王的时候不得拿进庙中。我孔丘听说过，君子用下等的东西擦拭高贵的东西，没有听说过用高贵的东西来擦拭低贱的东西。如今用五谷中高贵的黍子来擦拭瓜果蔬菜中低贱的桃子，是上下颠倒，有损于礼义，所以我不敢把桃子放在黍子前面先吃。"

**图注：哀公问政，子曰："文武之政，布在方策。其人存，则其政举。"**

**释读**：据《孔子家语·哀公问政第十七》记载，鲁哀公问孔子为政的道理。孔子回答说："周文王和周武王的施政，都记载在竹简和木牍上面。当他们在位的时候，他们的教化就能施行；他们死后，他们的教化也就灭亡了。"以人来施政的法则，是希望政教能快速地在老百姓中推行开来，而利用土地的法则，则在使草木快速生长起来，施政的道理，是希望如同蒲卢一般快速滋长，所以治理国家最重要的是要得到人才。而选取人才首先在于修养自身，修养道德要以仁为本。仁，就是具有爱人之心，爱亲人是最大的仁；义，就是事事做得适宜，尊重贤人是最大的义。爱亲人要分亲疏，尊重贤人要有等级，这就产生了礼。礼，这是政治的根本，因此君子不可以不修身。想要修身，不能不侍奉父母；要侍奉父母，就不能不了解人伦；要了解人伦，就不能不了解天道。天下的人伦大道有五条，实行这五条人伦大道的德行有三种。君臣之道，父子之道，夫妇之道，兄弟之道，朋友之道，这五条是天下共同的大道。智、仁、勇三种品德，则是天下共同的道德。

**图注：孔子出鲁东门，过故墟，历阶而上，顾谓子贡曰："兹臧文仲誓盟之坛也。"睹物思人，命琴而歌之。（臣谨按：《史记》、《家语》俱不载盟坛鼓琴事，而歌词亦不类圣人语，因旧图所有，仍列之。）**

**释读**：据《东家杂记·杏坛说》记载，孔子到鲁国都城东门外游赏，经过一处废墟，沿着台阶，依次登上废墟，回头对子贡说："这是臧文仲誓盟的地方。"睹物思人，顿生感慨，因此拿出琴边弹边歌起来。歌曰："暑往寒来春复秋，夕阳西去水东流。将军战马今何在，野草闲花满地愁。"

历阶而上：历，依次，沿着台阶，依次登上。臧文仲：名辰，字文仲，亦称"臧孙"，鲁孝公后裔，任鲁卿大夫，历仕鲁庄公、鲁闵公、鲁僖公、鲁文公四朝，卒于公元前 617 年。此故事为前人所绘《圣迹图》已有，于敏中以不见《史记》、《家语》诸书，加之歌词不类圣人语，怀疑是后人附会。

**图注：哀公问于孔子曰：“寡人欲论鲁国之士，与之为治，敢问如何取之？”孔子对曰：“人有五仪：有庸人，有士人，有贤人，有君子，有圣人，审此五者，则治道毕矣。”公曰：“善哉！非子之贤，则寡人不得闻此言也。”**

**释读**：据《孔子家语·五仪解第七》记载，鲁哀公向孔子问道：“我想评论一下鲁国的人才，和他们一起治理国家，请问如何评判呢？”孔子回答说：“生活在当今的时代，却倾慕古代的道德礼仪；依现今的习俗生活，却穿着古代的儒服。有这样行为而为非作歹的人，不是很少见吗？”哀公问：“那么戴着殷代的帽子，穿着鞋头上有装饰的鞋子，腰上系着大带子并把笏板插在带子里的人，都是贤人吗？”孔子说：“那倒不一定。人分五个等级，有庸人，有士人，有君子，有贤人，有圣人。分清这五类人，那治世的方法就都具备了。”哀公说：“说的好啊！不是先生贤明，我就听不到这些言论了。”

**图注：宓子贱为单父宰，孔子使巫马期观政。巫马期入单父界，见渔者得鱼辄舍之，问故，渔者曰：“鱼之大者名鲭，吾大夫爱之；其小者名鱦，吾大夫欲长之，是以辄舍。”返告曰：“宓子贱之德，至使民闇行若有严刑于傍。”夫子曰：“吾尝与之言曰，诚于此者，刑于彼。宓子行此于单父也。”**

**释读**：据《孔子家语·屈节解第三十七》记载，宓子贱为单父宰，以礼乐教化人民，达到“政简刑清”的统治效果。孔子让弟子巫马期前往单父考察宓子贱政事如何。巫马期刚进入单父境内，就发现一个奇怪的现象：有一个渔夫把刚捉到的鱼放生了。巫马期请教其中的原因，渔夫回答说：“我放生的鱼，大的叫鳣，我们的大夫喜欢这种鱼；小的叫鱦，我们的大夫希望这种鱼能够长大，所以，我们捉住后都会将其放生。”巫马期回去报告孔子说：“宓子贱的德行影响所及，竟然使老百姓的行为，犹如严刑峻法约束的一般。”孔子得意地回答：“我曾经和他约定过：真诚爱民，努力推行仁政。看来宓子贱把仁爱理念带到了单父啊。”

单父：鲁国邑名，在今山东单县。宓子贱：春秋末期鲁国人，名不齐，孔子的学生，有才智，仁爱，孔子赞其为君子。鲁国君主曾任命其为单父宰。

**图注：孔子读《易》，至于损益而叹，子夏曰："夫子何叹焉？"曰："自损者必自益，自益者必有以决之。吾是以叹也。"子夏曰："然则学者不可以益乎？"子曰："非道益之谓也。道弥益而身弥损，夫学者损其自多，以虚受人，调其盈虚，不令自满，所以能久也。"子夏曰："商请志之，而终身奉行焉。"**

**释读**：据《孔子家语·六本第十五》记载，孔子读《易》读至"损、益"两卦时，不由得喟然而叹。子夏见此连忙上前施礼问道："夫子为何叹息啊？"孔子说："我观损、益两卦悟出了人事之道，谦虚的人必然会得到益处，骄傲自满的人必定会遇到麻烦和损失，我因此才有感叹啊。"子夏又请教到："难道通过不断的学习就不可以增长益处吗？"孔子说："并非是学习就一定能获得益处。学问越增加，就越容易自满，谦虚的学者一定会克服自满的缺点，虚心接受别人的意见，来弥补自己的不足，坚持不懈，所以能够使学问愈来愈深厚。"子夏说："我要牢记这个道理，终身奉行不渝啊。"

子夏：姓卜，名商，字子夏，后亦称"卜子夏"、"卜先生"，春秋末晋国温人，孔子的著名弟子，"孔门十哲"之一。六本：古谓立身行事的六项根本。

**图注：孔子昼息于室而鼓琴，闵子自外闻之，以告曾子曰：“向也，夫子之音清澈以和，沦入至道；今也，更为幽沉之声。幽则利欲所发，沉则贪得所施。夫子何所感而若是乎？”二子入问，夫子曰：“然，吾有之。向见猫方取鼠，欲其得之，故为此音。可与听音矣。”**

**释读**：孔子大白天把自己关在室内鼓琴，闵子骞在室外听了一会儿，感觉琴声有些异常，便去告诉曾参说：“过去老师弹琴，发出的琴声清新和缓，感人至深；现在却变为幽沉之声。声幽，则是利欲所发，声沉，则是贪得之念所施。夫子有什么意外感受而如此琴声吧？”两人一起去见孔子，询问其中的缘故。孔子说：“你们说的对啊，我是受到外界的影响而如此琴声的呀。刚才我看见有只猫要捉老鼠，心想着猫快点捉住老鼠，所以才发出了幽沉之声。看来你们也能听懂琴声了。”

闵子骞：名损，字子骞，春秋末期鲁国人，孔子高徒，在孔门中以德行与颜回并称，为七十二贤人之一。曾子:姓曾，名参，字子舆，春秋末年鲁国南武城人。十六岁拜孔子为师，他勤奋好学，颇得孔子真传。孔子的孙子孔汲师从曾子，又传授给孟子。因之，曾参上承孔子之道，下启思孟学派，后世儒家尊他为“宗圣”。

**图注：仲尼居，曾子侍，子曰："先王有至德要道，以顺天下民，用和睦上下，无怨女，知之乎？"曾子避席曰："参不敏，何足以知之！"子曰："复坐，吾语女。"于是，以天子、诸侯、卿大夫及士庶人之孝语之。**

**释读**：据《孝经·开宗明义章第一》记载，孔子在家里闲坐，他的学生曾子侍坐在旁边。孔子说："先代的帝王有最美好的品德和最精要的道理，所以能使天下人心归顺，人民和睦相处。人们无论是尊贵还是卑贱，上上下下都没有怨恨不满。你知道那是为什么吗？"曾子离开自己的座位，郑重回答说："学生我不够聪敏，哪里会知道呢！"孔子说："你坐下来，我来告诉你。"于是，将天子之孝、诸侯之孝、卿大夫之孝，及士人、庶人之孝分别讲给曾子听。

至德要道：至，极，最；最美好的品德和最精要的道理。

**图注：鲁人孺悲尝学礼于孔子，欲见焉，孔子辞以疾，将命者出户，取瑟而歌，使之闻之。**

**释读**：据《论语·阳货》记载，鲁国人孺悲曾经向孔子学习礼，想进见孔子，孔子推说有病不见。而当传话的人刚出门，孔子就取下瑟弹唱起来，目的就是让孺悲听见。

孔子不见孺悲，故意取瑟而歌，就等于是一种不言之教。据说孺悲是奉了鲁哀公的旨意来找孔子。他以前跟随孔子学过士丧礼，也算是孔子的弟子之一。但是，他经常妄揣圣人之意，到处散播，唯恐他人不知自己博学。孔子很不满，但也不愿意与之计较，同时又要让他知错，于是告知底下的学生去传告孺悲，就说老师病了，需要休息，不能见他。可传话的学生走出门去，正准备传话，孔子竟然在屋里把瑟拿出来，一边弹奏一边吟唱起来！他的意思分明是故意让屋外的孺悲听到啊。说明孺悲在孔子心目中还是有的，认为他可能是一个能够自我反省的人。否则，你值得我为你奏瑟高歌吗？

将命者：传话的人。

**图注:樊迟从游于舞雩之下,曰:“敢问崇德修慝辨惑?”子曰:“善哉问!”**

**释读**:据《论语·颜渊》记载,樊迟跟从孔子来到舞雩台之下,问:“敢问怎样区别崇德、修慝、辨惑?”孔子说:“问得好!先做事不计得失,而后有所得,这不就是崇德吗?严于律己,而不苛责别人,使自己的过恶无所藏匿,这不就是修慝吗?为了一时的愤怒,忘了自己的身家性命,以及自己亲人的感受,这不就是迷惑愚昧吗?”

舞雩:古代求雨之祭叫“雩”,因有舞蹈,故亦称“舞雩”。此指举行雩祭之处,旧称“雩台”,在今山东曲阜南。修慝:修,治而去之;慝,恶之匿于心。

**图注：哀公问政于孔子，对曰："政之急者，莫大乎使民富且寿也。"公曰："为之奈何？"孔子曰："省力役，薄赋敛，则民富矣；敦礼教，远罪戾，则民寿矣。"公曰："寡人欲行夫子之言，恐吾国贫矣！"孔子曰："诗云，恺悌君子，民之父母。未有子富而父母贫者也。"**

**释读**：据《孔子家语·贤君第十三》记载，鲁哀公向孔子请教治理国家的道理，孔子回答说："治理国家最关键的一点，就是使人民富有且享有高寿。"鲁哀公又问："如何使人民富有且享有高寿？"孔子说："减少他们负担的力役，减轻他们负担的赋税，老百姓就可以富有了；推行礼治教化，使他们远离罪罚，老百姓就可以享有高寿了。"鲁哀公说："我很想把夫子的想法在我国推行，就怕国家会愈来愈贫穷啊！"孔子却说："《诗》不是说过，品德优良、平易近人的人，才是人民的父母。没有儿子富有而父母却忍受贫穷的道理。"

恺悌君子：恺悌，平易近人；君子，先秦时代对诸侯卿士的美称，泛指品德优良，平易近人的人。

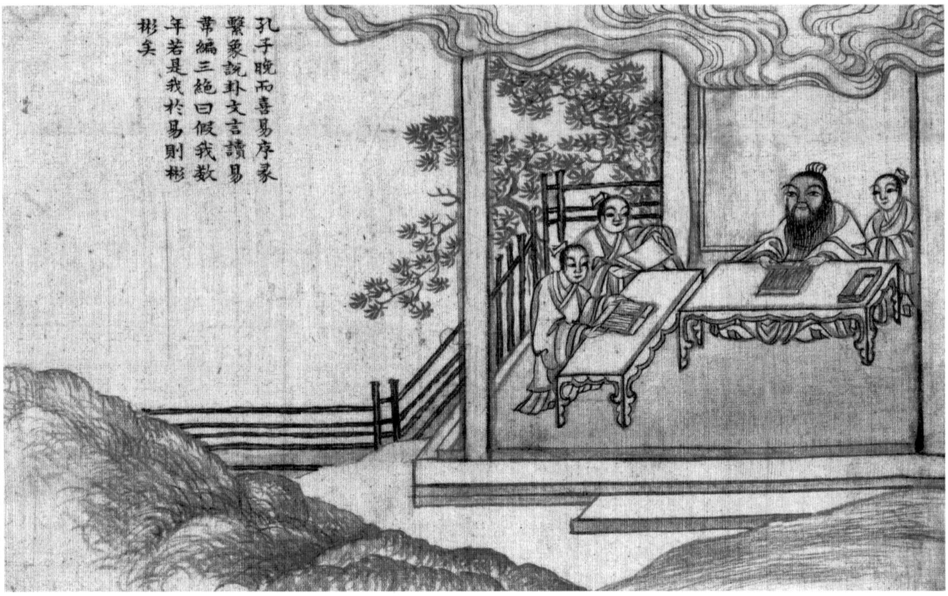


**图注：孔子晚而喜《易》，序、彖、系、象、说、卦、文言，读《易》韦编三绝，曰："假我数年若是，我于《易》则彬彬矣。"**

**释读**：据《史记·孔子世家》记载，孔子晚年喜欢钻研《周易》，他详细解释了《彖辞》、《锡辞》、《卦》、《文言》等。孔子读《周易》刻苦勤奋，以致把编穿书简的牛皮绳子也弄断了多次。他还说：再让我多活几年，这样的话，我就可以对《周易》的文辞和义理能够充分理解和掌握了。

《易》:《易经》，又称《周易》，我国古代用于占卜的书。全书主要是六十四卦和三百八十四爻，由卦、爻两种符号和卦辞、爻辞两种文字组成。文字简略,但隐晦难懂。故后人对其进行了解说,这些解说的文字称为《易传》,共十篇,故也称《十翼》,这就是《上彖》、《下彖》、《上象》、《下象》、《上系》、《下系》、《文言》、《序卦》、《说卦》、《杂卦》。《彖》: 即《彖辞》,《易传》中说明各卦基本观念的篇名。《系》:即《系辞》,《易传》中总论全部《易》理的篇名。《象》: 即《象辞》,《易传》中解释爻辞语句的篇名。《说卦》:《易传》中解释八卦性质和象征的篇名。《文言》:《易传》中解释《乾》、《坤》两卦卦辞的篇名。韦：熟牛皮；韦编：用熟牛皮绳把竹简编联起来；三：概数，表示多次。

**图注：孔子坐乎杏坛之上，弟子读书，孔子弦歌鼓琴。**

**释读**：据《庄子·杂篇·渔父第三十一》记载，孔子来到像帷幕一般的茂林之中，端坐在长满杏树的高土台上。弟子们在认真读书，孔子则在旁鼓琴弦歌。

孔子杏坛设教之事，后世颂者虽众，却不见于《论语》、《孟子》、《荀子》，以及《左传》、大小戴《礼记》，这些与孔子相去未远的先秦诸子文献之中，甚至连杏坛之名都未曾出现过，令人颇为费解。记载此事最早者，当属孔子 47 代孙孔传作于南宋绍兴年间的《东家杂记》，其中有《杏坛说》一文，略曰：昔周灵王之世，鲁哀公之时，夫子车从出国东门，因睹杏坛，逡巡而至，历级而上。弟子侍列，顾谓之曰：兹鲁将臧文仲誓盟之坛也。睹物思人，命琴而歌。歌曰：暑往寒来春复秋，夕阳西去水东流。将军战马今何在，野草闲花满地愁。明清之际人顾炎武认为："渔父不必有其人，杏坛不必有其地，即有之，亦在水上苇间、依陂旁渚之地，不在鲁国之中也。"并进一步考证认为，最初坐实杏坛之地的，乃北宋孔道辅，今曲阜大成殿南本为讲堂旧址，汉明帝东巡过孔子宅，曾御此说经。孔道辅扩修祖庙，不欲毁弃，即以瓴甓为坛，环植以杏，而成杏坛。

**图注：哀公问孔子曰："夫子之服，其儒服与？"孔子对曰："逢掖章甫，博其服以乡，未知其为儒服也。"公曰："敢问儒行？"对曰："遽数之，不能终其物也；悉数之，乃留更，仆未可终也。"哀公命席，孔子于是以儒行告。**

**释读**：据《孔子家语·儒行解第五》记载，鲁哀公问孔子说："先生穿的衣服，是儒者的服装吗？"孔子回答说："我小时候住在鲁国，穿的是宽袖的衣服；长大后住在宋国，戴的是缁布做的礼冠。我听说，君子学问要广博，穿衣服要随其乡俗。我不知道这是不是儒者的服装。"鲁哀公问："请问儒者的行为是什么样的呢？"孔子回答说："粗略地讲讲，不能把儒者的行为讲完；如果详细地讲，讲到侍御的人侍奉以致疲倦也难以讲完。"鲁哀公让人设席，孔子陪坐在旁边，说："儒者如同席上的珍品等待别人来采用，昼夜不停地学习等待别人来请教，心怀忠信等待别人举荐，努力做事等待别人录用。儒者自修立身就是这样的。"

逢掖之衣：宽袖之衣，古代儒者所服。留更：官吏推迟更代，继续留任，此借指需要时间很长。

**图注：叔孙氏之车子钼商樵于野，而获麟焉，众莫之识，弃之五父之衢。冉有告曰：“麕身而肉角，岂天之妖乎？”夫子遂往，谓高柴曰：“若求之言，其必麟乎？”视之泣曰：“予之于人，犹麟之于兽也。麟出而死，吾道穷矣！”**

**释读**：据《史记·孔子世家》、《孔子家语·辩物第十六》记载，叔孙氏的车夫钼商在郊外狩猎，猎获一只麒麟，大家没有一个认识的，就把它抛弃在五父之衢。冉有听说了这件事，就来告诉孔子说：“这东西拥有麕的身体，还长着一双肉角，难道是上天降下的妖怪吗？”孔子于是前往查看，并对高柴说：“如果像冉有说的那样，这不就是麒麟吗？”孔子仔细查看一番，不由得哭了起来，说：“我这个人对于一般人来说，就好比麒麟比之于野兽啊。麒麟出现了却又死了，我的政治主张不可能实现了！”

车子钼商：春秋时鲁国叔孙氏的车夫名，狩猎时曾获麟。高柴：春秋时期齐文公世孙，字子羔，又称子皋、子高等，在孔子门下受业。高柴在鲁、卫两国先后四次为官，历任鲁国费宰、郕宰、武城宰和卫国的士师，是孔门弟子中从政次数最多、时间最长的一个。吾道穷矣：麟在古代被视为祥瑞之兽，孔子见麟死，以为是自己的死亡之兆，所以哀叹他的政治主张不可能实现了。

**图注：陈成子弑简公，孔子沐浴而朝，请讨之。**

**释读**：据《孔子家语·正论解第四十一》记载，齐国执政大夫陈恒杀死了齐简公，孔子听说后，沐浴三天后前往拜见鲁哀公，说：“陈恒弑其君主，请您发兵讨伐他吧。”鲁哀公不同意，孔子反复请求，鲁哀公无奈地说：“鲁国势力一直被齐国所削弱，您说讨伐陈恒，拿什么去讨伐啊？”孔子却说：“陈恒弑其君主，齐国百姓有一半人不会替他卖命，以鲁全国之众，加上齐国反对陈恒行为的一半人，陈恒是可以讨伐的。”鲁哀公说：“您可以把想法告诉季桓吧。”孔子听后退了出来。

陈成子：即田常、陈常，亦称“田常”、“陈恒”、“田成子”、“陈成子”等。齐国大夫，公元前481年，杀死齐简公，拥立齐平公，任相国，铲除公族中强者，扩大自己封邑，开创田氏专擅齐国权柄的局面。

**图注：子羔为卫士师，刖人之足，俄而卫乱，刖者守门，逃子羔者三，子羔怪问其故，刖者曰："断足，固我之罪，昔君欲免臣于法也，臣知之；当论刑，君愀然不乐，臣又知之。此臣之所以悦君也。"孔子闻之曰："善哉！为吏其用法一也，仁恕则树德，严暴则树怨。公以行之，其柴乎？"**

**释读**：孔子弟子高柴做卫国的理刑大夫，曾判一人剁足之刑。不久卫国发生动乱，遭剁足之刑的那个人正好负责看守城门，连续放走高柴三次。高柴很奇怪，就请教其中的原因，对方说："剁掉脚，是我罪有应得。以前您曾想免去我的罪责，我都知道；到了判决的时候，您也很同情我，闷闷不乐，这情况我也知道。这就是我喜欢您的原因啊。"孔子听说这事后，说："做得很好啊！做理刑大夫所依据的法律是一样的，做事仁爱宽恕就可以积下德行，处事严暴就可以积下冤仇。公平用法，不就是高柴的做法吗？"高柴任卫国狱吏不徇私舞弊，按法规办事，为官清廉，执法公平，有仁爱之心，受到孔子的称赞、民众的赞扬。

子羔：即高柴，高柴字子羔，孔子弟子，时为卫国大夫。

**图注：德行：颜渊、闵子骞、冉伯牛、仲弓；言语：宰我、子贡；政事：冉有、季路；文学：子游、子夏。**

**释读**：据《史记·仲尼弟子列传》记载，孔子曾评价说，受业弟子有出息者77人，都是才能出众的人。德行突出的有颜渊、闵子骞、冉伯牛和仲弓，擅长处理政事的有冉有、季路，长于言语表达的弟子有宰我、子贡，精通文献的弟子有子游、子夏。而颛孙师行为偏激，曾参头脑有点迟钝，高柴有些愚笨，季路行为有些粗鲁，颜渊需要经常了解事情，端沐赐不接受教诲而经营商业，预算得都很准确。

德行：道德行为。政事：行政事务。言语：言辞口才。文学：文献典籍。冉伯牛姓冉，名耕，字伯牛。春秋末年鲁国人。出身“贱人”（败落贵族后裔）家族。孔子弟子中以德行著称者之一。仲弓是鲁国人，冉氏，名雍。

**图注：吴王伐石治宫，而合石之中得紫文金简之书，不能读，使人问孔子曰："此雀衔书以置殿前，而不知其义。"孔子曰："此乃灵方，长生之法，禹所服也。禹将仙，封之名山石函之中。今赤雀衔之，殆天授也。"**

**释读**：据《抱朴子·内篇·辨问》记载，吴国国王让人开采山石营建宫殿，而在两块石头之间，得到一件写有紫色文字的金质简册，没有人知道是怎么回事，于是派了一个使者带着简册前往鲁国请教孔子，骗孔子说："吴王在宫中闲坐，有一只赤雀衔来这个简册放置殿上，吴王不知什么意思，派我前来请教先生。"孔子仔细察看一番，说："这是灵宝仙方，讲的是长生之法，当年大禹曾经采用过。后来大禹即将羽化成仙，将此秘方封存在名山石函之中。现在赤雀衔来，实在是上天的恩赐啊。"

金简之书：金质的简册，常指道教仙简或帝王诏书。

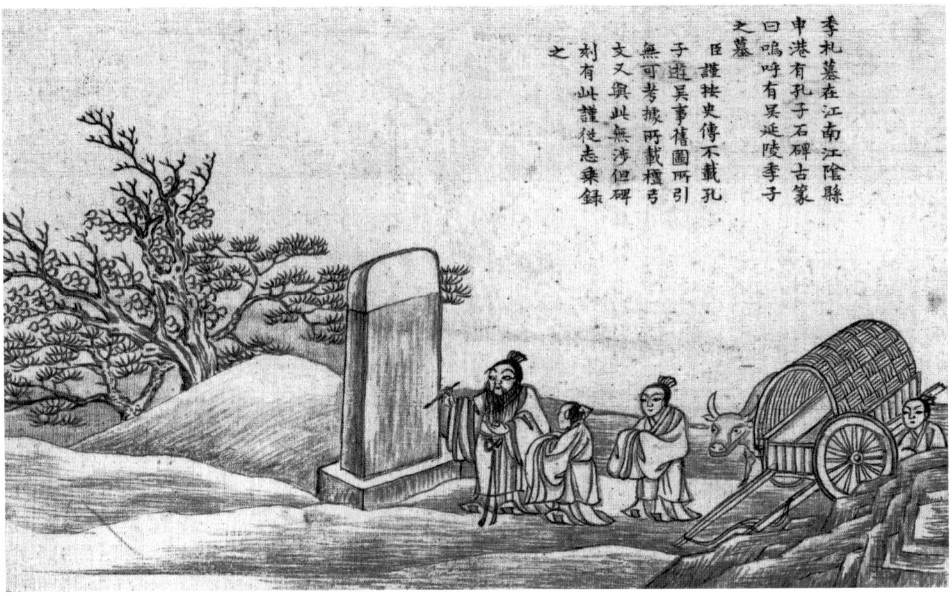


**图注：季札墓在江南江阴县申港，有孔子石碑，古篆，曰："呜呼！有吴延陵季子之墓。"（臣谨按：史传不载孔子游吴事，旧图所引，无可考据，所载檀弓文又与此无涉，但碑刻有此，谨从志乘录之。）**

**释读**：季札（公元前 576 ~公元前 484 年），姬姓，名札，又称公子札，春秋时吴王寿梦第四子，封于延陵，故又名延陵季子、季子。世传其品德高尚，为避王位弃其室而耕于常州武进焦溪的舜过山下，死后即葬于此地。有孔子所书石刻墓碑，古篆文，曰："呜呼！有吴延陵季子之墓。"

据今人考证，季札原墓在今江苏省丹阳市九里季子庙大殿下。延陵为季札采邑，故城在今江苏省武进县西北七十里，今丹阳市东南边缘地区。越灭吴，季札后人中唯有四子子玉一系坚守家园，子孙世守不替。建祠于季札墓左侧，墓前存有唐碑。自汉至今二千余年，有司每岁致祭，香火鼎盛。江阴申浦（申港）季子墓、祠建于宋，应为季札次子征生之后，季札 62 世孙吴梓所建，十字碑由宋崇宁二年知常州事朱彦立，碑文十字是摹孔子手书十字刻于碑墓，原碑明时已毁。

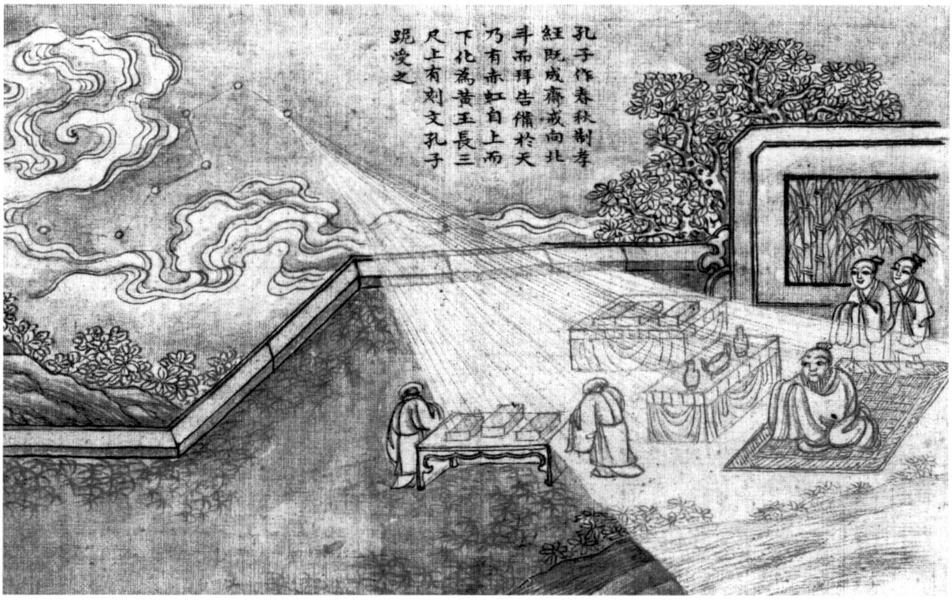


**图注：孔子作《春秋》、制《孝经》既成，斋戒，向北斗而拜，告备于天，乃有赤虹自上而下，化为黄玉，长三尺，上有刻文，孔子跪受之。**

**释读：**传说称，孔子编纂《春秋》、《孝经》二书完成，恭恭敬敬进行了斋戒，面向北斗星的方向拜了又拜，以示自己完成了上天对自己的委托。这时有一道红色长虹从天而降，化作一块三尺长的黄玉版，上面还刻着文字。孔子跪拜后接了下来。

《春秋》是中国现存最早的一部编年体史书。其用词遣句“字字针砭”成为独特的文风，被称为春秋笔法，为历代史家奉为经典。因为《春秋》是粗线条的笔墨，为补这一遗缺，后来又出现以春秋为主本的《传》，即现今流传下来的《春秋公羊传》、《春秋谷梁传》和《春秋左氏传》三种，并称春秋三传。

《孝经》是中国古代儒家的伦理学著作，以孝为中心，比较集中地阐发了儒家的伦理思想，肯定孝是上天所定的规范，并对实行孝的要求和方法也作了系统的规定。《孝经》在唐代被尊为经书，南宋以后被列为《十三经》之一。在中国自汉代至清代的漫长社会历史进程中，它被看作是孔子述作，垂范将来的经典，对传播和维护社会纲常伦理起了很大作用。

**图注：孔子蚤作，负手曳杖，逍遥于门，歌曰："泰山其颓乎？梁木其坏乎？哲人其萎乎？"子贡闻之曰："泰山其颓，吾将安仰；梁木其坏，哲人其萎，吾将安放。"遂趋而入。**

**释读**：据《礼记·檀弓上》记载，孔子去世前的一天早晨起来，背着手拖着手杖，悠闲自在地散步在门外，唱到："泰山就要塌了吧，栋梁就要坏了吧，哲人就要枯萎了吧！"唱罢回到室内，对着门户坐下。子贡听到歌声，便说："泰山就要塌了，还有什么值得我去仰望？梁木坏了，那檩条、椽子往哪儿安放？哲人枯萎了，那谁还是我值得效仿的榜样？老师大概将要生病了吧！"子贡于是快步走了进去。孔子于是卧床七天，就去世了。

泰山是众山所仰的高山，现在泰山快要崩塌，众山就无可瞻仰了。梁木是放置檩条、椽子的地方，现在梁木快要折断，檩条、椽子就无可依托了。孔子自感已经病入膏肓，将不久于人世。孔子的高足子贡这天早上刚好来看望老师，听了这首歌，想到了"哲人其萎"的后果将是十分严重的，他所说的"则吾将安放"，意思是他们这些学生就将永远失去孔子这位诲人不倦、可敬可亲的好老师了，不觉心情黯然！

**图注：孔子葬鲁城北泗上，弟子各服三年心丧，毕，相诀而去，各复尽哀。惟子贡庐于冢上，凡六年，然后去。弟子及鲁人往从冢而家者百有余室，因命曰孔里。**

**释读**：据《史记 · 孔子世家》记载，孔子死后埋葬在鲁国都城北面的泗水边上，弟子们都在心里为他服丧三年。三年心丧完毕，大家道别离去时，又相对而哭，各尽哀思。只有子贡在墓旁搭了一间小房住下，守着墓住了六年，然后才离去。孔门弟子和其他鲁国人，相率前往墓旁居住的有一百多家。因而就把这里命名为孔里。

心丧指古时老师去世，弟子守丧，身无丧服而心存哀悼。如《礼记 · 檀弓上》说：“事师无犯无隐，左右就养无方，服勤至死，心丧三年。”亦泛指无服或释服后的深切悼念，犹如守丧。《晋书·傅玄传》说：“世祖武皇帝虽大孝烝烝，亦从时释服,制心丧三年。至于万机之事,则有不遑。”清人梁章钜《退庵随笔·家礼》解释说：“虽不服其服而有其实者,谓之心丧。”清尤侗《艮斋杂说》卷一记载：“昔者孔子没，三年之外，门人治任将归，入揖于子贡，相向而哭，皆失声。子贡反，筑室于场，独居三年然后归。后世庐墓者，无以过也，岂止心丧已乎！”

**图注：孔子冢去城一里，茔中树以百数，皆异种，鲁人世世无能名其树者。民传言，孔子弟子，异国人，各持其方树来种之。《阙里志》载，古楷在至圣林享殿后，高四丈五尺，围一丈，枯而不朽，盖子贡所植也。**

**释读**：孔子墓距离鲁国都城有一里路，墓园中有数百种树木，都是稀有树种，就连鲁国人也说不清他们的名字。民间传说，孔子的弟子大多不是鲁国人，他们各自带来自己家乡的树苗种在这里。据《阙里志》载，古楷位于至圣林享殿后面，高四丈五尺，直径达一丈，枯而不朽，就是子贡所植。目前孔林苍桧翠柏，夹道侍立，龙干虬枝，多为宋、元时代所植。林道尽头为“至圣林”木构牌坊，由此往北是二林门，亦称“观楼”。墙内有一河，即著名的圣水——洙水河。洙水桥北不远处为享殿，是祭孔时摆香坛的地方。殿前有翁仲、望柱、文豹和甪端等石兽。享殿之后，正中大墓为孔子坟地，墓前有明人黄养正巨碑篆刻“大成至圣文宣王墓”。东边为其子“泗水侯”孔鲤墓；前为其孙“沂国述圣公”孔子思墓。据传此种特殊墓穴布局称之为“携子抱孙”。孔子墓前东侧有三亭，是宋真宗、清圣祖和清高宗来此祭孔时停留之处，叫作“驻跸亭”。墓南二百米处的享殿后，有子贡亲手栽植的楷树遗迹和“子贡庐墓处”。

**图注：孔子手植桧在杏坛东南隅，高五丈余，围一丈三尺，其文左，纽枝盘屈如龙，世谓之再生桧。**

**释读**：孔子亲手种植的桧树在杏坛东南隅，高五丈余，直径达一丈三尺，树纹左旋，枝条盘屈如龙，世谓之再生桧。

目前，“先师手植桧”位于大成门内东侧，树东石碑是明万历年间杨光训手书。今存桧树为清雍正十年（1732 年）于古树桩下复生的新枝长成的。相传孔子手植桧原有三棵，后枯死两棵，惟有此桧生生死死，几经荣枯留存至今。树高十余米，粗可合抱，挺拔高耸，树冠如盖。至今约有 2400 年树龄，依然保存完好。先师手植桧历来受到重视，它不仅与孔氏家族的命运联系在一起，即所谓“此桧日茂则孔氏日兴”，而且还同封建统治者的命运联系在一起，宋元时期书法家米芾为此赞曰：“矫龙怪，挺雄质，二千年，敌金石，纠治乱，如一昔。”

**图注：鲁哀公十七年，立庙于旧宅，置守茔庙百户。**

**释读**：公元前 478 年，在孔子的旧居创建孔庙，并拨一百户农户作为照看孔庙的庙户。

据研究，曲阜孔庙始建于公元前 478 年（即孔子死后第二年），鲁哀公将其故宅改建为庙。此后历代帝王不断加封孔子，也就不断扩建庙宇。目前布局和规模成于清代雍正年间的大修、扩建。庙内从南至北共有九进院落，分左、中、右三路。纵长 630 米，横宽 140 米。有殿、堂、坛、阁 460 多间，门坊 54 座，御碑亭 13 座，占地面积约 95000 平方米。孔庙内的圣迹殿、十三碑亭及大成殿东西两庑，陈列着大量碑碣石刻，特别是这里保存的汉碑，在全国是数量最多的，历代碑刻亦不乏珍品，仅次西安碑林，有我国第二碑林之称。孔庙也是现存规模仅次于北京故宫的中国古建筑群，属于中国三大古建筑群之一，堪称中国古代大型祠庙建筑的典范。

鲁哀公：姬姓，名将，为春秋诸侯国鲁国君主之一，是鲁国第二十六任君主，在位二十七年。

**图注：鲁岁时奉祠孔子冢，后世因庙藏孔子衣、冠、琴、车、书，至于汉二百余年不绝，高皇帝过鲁，以太牢祠焉。**

**释读**：据《史记·孔子世家》记载，鲁国世世代代相传，每年都定时到孔子墓前祭拜，孔子故居的堂屋以及弟子们所居住的内室，后来就改成庙，借以收藏孔子生前穿过的衣服，戴过的帽子，使用过的琴、车子、书籍等，直到汉代，二百多年间没有废弃。汉高祖刘邦经过鲁地，还曾用牛羊猪三牲俱全的太牢礼祭祀过孔子。

刘邦为什么要用牛羊猪三牲俱全的太牢祭祀孔子？据史书记载，刘邦称帝不久，群臣饮酒争功，醉或妄呼，拔剑击柱，让刘邦很是尴尬。儒者叔孙通向他建议说：儒者难以进取，可与守成。臣愿征鲁诸生，与臣养子共起朝仪。自此朝仪秩序井然，使刘邦“吾乃今日知为皇帝之贵也！”陆生一席话“居马上得之，宁可以马上治之乎？且汤武逆取而以顺守之，文武并用，长久之术也。昔者吴王夫差、智伯极武而亡；秦任刑法不变，卒灭赵氏。乡使秦已并天下，行仁义，法先圣，陛下安得而有之？”也使刘邦深受震动，决心用儒者来教育自己的继承人。刘邦去世前特地举办这样一场政治秀，正是出于以上的目的。

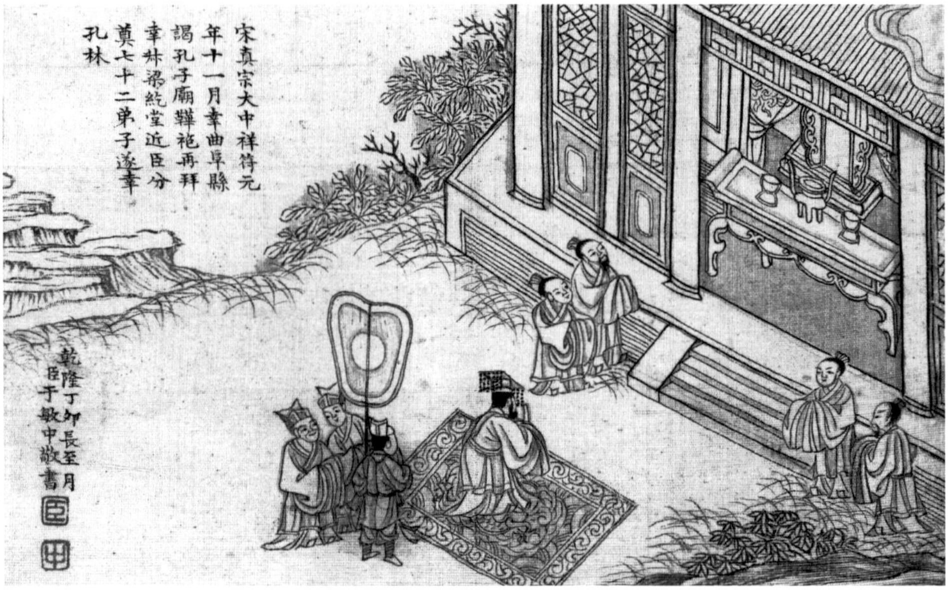


**图注：宋真宗大中祥符元年十一月，幸曲阜县，谒孔子庙，靴袍再拜，幸叔梁纥堂，近臣分奠七十二弟子，遂幸孔林。乾隆丁卯长至月（乾隆十二年六月），臣于敏中敬书。**

**释读**：1008 年 12 月，宋真宗一行自澶州（今河南濮阳）至泰山举行庄严隆重的封禅大典，之后前往曲阜进行祭孔活动，亲谒孔子庙，加孔子谥为玄圣文宣王。又拜谒了孔子父亲叔梁纥的祠堂，令近臣分别祭奠孔子七十二弟子，最后来到了孔林。

宋真宗赵恒是宋朝第三位皇帝，宋太宗第三子，997 年继位，1022 年驾崩，享年五十五岁，在位二十五年。景德元年（1004 年），契丹人所建之辽国入侵，宰相寇准力排众议，劝帝亲征，双方会战于汴京三百里外之澶渊，局势有利于宋，但因真宗惧于辽的声势，不顾寇准的反对，于澶渊定盟和解。史称澶渊之盟。此后，北宋进入经济繁荣期，真宗则以王钦若、丁谓为相，二人常以天书符瑞之说荧惑朝野，真宗亦迷恋封禅之事，朝政因而不举，社会矛盾不断激化，使得宋王朝的内忧外患问题日趋严重。

# 附录一　司马迁眼中的孔子 ——《史记·孔子世家》欣赏

孔子一生的事迹很多，头绪也很纷乱，但司马迁在这篇洋洋近万言的文章中却记述得线索清楚，有条不紊，而且重点突出。在记述故事的同时，注意人物性格特征的描写，从而较全面地展现出了孔子的形象和精神风貌。司马迁写历史人物，暗含爱憎褒贬的感情，他对孔子的向往和景仰，也在文中处处流露了出来，加之引用了大量孔子的原话，用孔子自己的语言来表现其人，不仅使孔子形象具有真实感，而且也更为亲切感人。

孔子生鲁昌平乡陬邑。其先宋人也，曰孔防叔。防叔生伯夏，伯夏生叔梁纥。纥与颜氏女野合而生孔子[1]，祷于尼丘得孔子。鲁襄公二十二年孔子生。生而首上圩顶，故因名曰丘，字仲尼[2]，姓孔氏。

丘生而叔梁纥死，葬于防山。防山在鲁东，由是孔子疑其父墓处，母讳之也[3]。孔子为儿嬉戏，常陈俎豆，设礼容。孔子母死，乃殡五父之衢[4]，盖其慎也。陬人輓父之母诲孔子父墓，然后往合葬于防焉。

孔子要绖，季氏飨士，孔子与往。阳虎绌曰："季氏飨士，非敢飨子也。"孔子由是退。

---

1　野合：据《索隐》、《正义》解释，叔梁纥与征在成婚时已超过六十四岁，而征在岁数尚小，二人年龄相差悬殊，此种婚姻在当时不合礼法，故谓野合。但也有男女私通一说。

2　古人有名也有字，且义常相关联。因叔梁纥曾祷于尼丘山，故子名丘，字仲尼。仲，排行老二之意。孔子有异母兄，名孟皮。

3　因为叔梁纥与征在的结合不合礼仪，加之叔梁纥去世时，征在少寡，在当时社会，她不便送葬，故不知叔梁纥坟地所在，所以无法告诉孔子其父的墓地在何处。

4　殡：停放灵柩。五父之衢：地名，是鲁城内的街道。

孔子年十七，大夫孟釐子病且死，诫其嗣懿子曰："孔丘，圣人之后，灭于宋[1]。其祖弗父何始有宋而嗣让厉公[2]。及正考父佐戴、武、宣公，三命兹益恭，故鼎铭云：'一命而偻，再命而伛，三命而俯，循墙而走，亦莫敢余侮。饘于是，粥于是，以糊余口。'其恭如是。吾闻圣人之后，虽不当世，必有达者。今孔丘年少好礼，其达者欤？吾即没，若必师之。"及釐子卒，懿子与鲁人南宫敬叔往学礼焉。是岁，季武子卒，平子代立。

孔子贫且贱。及长，尝为季氏史，料量平。尝为司职吏，而畜蕃息。由是为司空[3]。已而去鲁，斥乎齐，逐乎宋、卫，困于陈、蔡之间，于是反鲁。孔子长九尺有六寸，人皆谓之长人而异之。鲁复善待，由是反鲁。

鲁南宫敬叔言鲁君曰："请与孔子适周。"鲁君与之一乘车，两马，一竖子俱[4]，适周问礼，盖见老子云。辞去，而老子送之曰："吾闻富贵者送人以财，仁人者送人以言。吾不能富贵，窃仁人之号，送子以言，曰：'聪明深察而近于死者，好议人者也。博辩广大而危其身者，发人之恶者也。为人子者毋以有己，为人臣者毋以有己。'"孔子自周反于鲁，弟子稍益进焉。

是时也，晋平公淫，六卿擅权[5]，东伐诸侯；楚灵王兵强，陵轹中国；齐大而近于鲁。鲁小弱，附于楚则晋怒；附于晋则楚来伐；不备于齐，齐师侵鲁。

鲁昭公之二十年，而孔子盖年三十矣。齐景公与晏婴来适鲁，景公问孔子曰："昔秦穆公国小处辟，其霸何也？"对曰："秦，国虽小，其志大；处虽辟，行中正。身举五羖[6]，爵之大夫，起累绁之中，与语三日，授之以政。以此取之，虽王可也，霸小矣。"景公说。

孔子年三十五，而季平子与郈昭伯以斗鸡故得罪鲁昭公，昭公率师击平子，平子与孟氏、叔孙氏三家共攻昭公，昭公师败，奔于齐，齐处昭公乾侯。

---

1 孔子六世祖孔父嘉在宋国内乱中为华督所杀，其子防叔奔鲁，故云灭于宋。

2 孔子远祖弗父何为宋襄公之子，依礼法当为宋国嗣君，但其让位于弟弟，即后来的宋厉公。

3 周代主管建筑工程、制造车服器械、监督手工业奴隶的官，为六卿之一。

4 童仆。俱：一起。

5 指韩、赵、魏、范、中行及智氏六个大臣把持国政。参见《史记》卷三九《晋世家》。

6 五羖：指五羖大夫百里奚。百里奚原为虞国人，晋虞，为晋所俘，作为陪嫁臣随秦穆公夫人即晋公子夷吾的姐姐入秦，后逃离秦国，在宛地被楚国人捉住，秦穆公以贤，用五张羊皮把他赎回，任为大夫，故云。事详见卷五《秦本纪》。羖：黑色公羊。

其后顷之，鲁乱。孔子适齐，为高昭子家臣，欲以通乎景公。与齐太师语乐，闻《韶》音，学之，三月不知肉味，齐人称之。

景公问政孔子，孔子曰：“君君，臣臣，父父，子子。”景公曰：“善哉！信如君不君，臣不臣，父不父，子不子，虽有粟，吾岂得而食诸！”他日又复问政于孔子，孔子曰：“政在节财。”景公说，将欲以尼谿田封孔子。晏婴进曰：“夫儒者滑稽而不可轨法。倨傲自顺[1]，不可以为下；崇丧遂哀，破产厚葬，不可以为俗；游说乞贷，不可以为国。自大贤之息，周室既衰，礼乐缺有间。今孔子盛容饰，繁登降之礼，趋[2]详之节，累世不能殚其学，当年不能究其礼。君欲用之以移齐俗，非所以先细民也。”后景公敬见孔子，不问其礼。异日，景公止孔子曰：“奉子以季氏，吾不能。”以季、孟之间待之。齐大夫欲害孔子，孔子闻之。景公曰：“吾老矣，弗能用也。”孔子遂行，反乎鲁。

孔子年四十二，鲁昭卒于乾侯，定公立。定公立五年，夏，季平子卒，桓子嗣立。季桓子穿井得土缶，中若羊，问仲尼云得狗。仲尼曰：“以丘所闻，羊也。丘闻之，木石之怪夔、罔阆，水之怪龙、罔象，土之怪羵羊。”

吴伐越，堕会稽，得骨节专车[3]。吴使使问仲尼：“骨何者最大？”仲尼曰：“禹致群神于会稽山，防风氏后至，禹杀而戮之，其节专车，此为大矣。”吴客曰：“谁为神？”仲尼曰：“山川之神足以纲纪天下，其守为神，社稷为公侯，皆属于王者。”客曰：“防风何守？”仲尼曰：“汪罔氏之君守封、禺之山，为釐姓。在虞、夏、商为汪罔，于周为长翟，今谓之大人。”客曰：“人长几何？”仲尼曰：“僬侥氏三尺[4]，短之至也。长者不过十之，数之极也。”于是吴客曰：“善哉圣人！”

桓子嬖臣曰仲梁怀，与阳虎有隙。阳虎欲逐怀，公山不狃止之。其秋，怀益骄，阳虎执怀。桓子怒，阳虎囚桓子，与盟而醳之[5]。阳虎由此益轻季氏。季氏亦僭于公室，陪臣执国政，是以鲁自大夫以下皆僭离于正道。故孔子不仕，

1 倨傲自顺：傲慢不恭，自以为是。
2 小步快走，表示恭敬。
3 谓一节骨头有一辆车长。
4 古代传说中的矮人。《列子·汤问》：从中州以东四十里，得僬侥国，人长一尺五寸。
5 醳：通“释”，释放。

退而修《诗》、《书》、《礼》、《乐》，弟子弥众，至自远方，莫不受业焉。

定公八年，公山不狃不得意于季氏，因阳虎为乱，欲废三桓之适[1]，更立庶孽，阳虎素所善者，遂执季桓子。桓子诈之，得脱。定公九年，阳虎不胜，奔于齐。是时孔子年五十。

公山不狃以费畔季氏，使人召孔子。孔子循道弥久，温温无所试[2]，莫能己用，曰："盖周文、武起丰、镐而王，今费虽小，傥庶几乎！"欲往。子路不说，止孔子。孔子曰："夫召我者岂徒哉？如用我，其为东周乎！"然亦卒不行。其后，定公以孔子为中都宰，一年，四方皆则之。由中都宰为司空，由司空为大司寇。

定公十年春，及齐平。夏，齐大夫黎钼言于景公曰："鲁用孔丘，其势危齐。"乃使使告鲁为好会[3]，会于夹谷。鲁定公且以乘车好往。孔子摄相事，曰："臣闻有文事者必有武备，有武事者必有文备。古者诸侯出疆，必具官以从。请具左右司马。"定公曰："诺。"具左右司马。会齐侯夹谷，为坛位，土阶三等，以会遇之礼相见，揖让而登。献酬之礼毕，齐有司趋而进曰："请奏四方之乐。"景公曰："诺。"于是旍旄羽袚[4]矛戟剑拨鼓噪而至。孔子趋而进，历阶而登[5]，不尽一等[6]，举袂而言曰："吾两君为好会，夷狄之乐何为于此！请命有司！"有司却之，不去，则左右视晏子与景公。景公心怍，麾而去之。有顷，齐有司趋而进曰："请奏宫中之乐。"景公曰："诺。"优倡侏儒为戏而前。孔子趋而进，历阶而登，不尽一等，曰："匹夫而营惑诸侯者罪当诛！请命有司！"有司加法焉，手足异处。景公惧而动，知义不若，归而大恐，告其群臣曰："鲁以君子之道辅其君，而子独以夷狄之道教寡人，使得罪于鲁君，为之奈何？"有司进对曰："君子有过则谢以质，小人有过则谢以文。君若悼之，则谢以质。"

---

1　三桓：指季孙氏、孟孙氏、叔孙氏，因都是鲁桓公之后，故称三桓。适：同"嫡"，指正妻所生的儿子，为法定继承人。

2　温温：柔和的样子。一说同蕴蕴，郁郁不得志的样子。

3　好会：和好的会盟。

4　旍：同"旌"，古代一种用五色羽毛装饰的旗子，用以指挥或开道。袚：一种粗糙结实的衣服。

5　指一步一阶地往台上走。按照古代礼法规定，登台阶时每上一级，要等双足取齐，然后才能登另一级台阶。如一只脚踏上第一级，另一只脚直接踏上第二级，就叫做历阶。孔子因紧急，不顾忌礼节，就历阶而登了。

6　还有一级台阶没有上。

于是齐侯乃归所侵鲁之郓、汶阳、龟阴之田以谢过。

定公十三年夏，孔子言于定公曰："臣无藏甲，大夫毋百雉之城。"[1]使仲由为季氏宰，将堕三都[2]。于是叔孙氏先堕郈。季氏将堕费，公山不狃、叔孙辄率费人袭鲁。公与三子入于季氏之宫，登武子之台。费人攻之，弗克，入及公侧。孔子命申句须、乐颀下伐之，费人北。国人追之，败诸姑蔑。二子奔齐，遂堕费。将堕成，公敛处父谓孟孙曰："堕成，齐人必至于北门。且成，孟氏之保鄣，无成是无孟氏也。我将弗堕。"十二月，公围成，弗克。

定公十四年，孔子年五十六，由大司寇行摄相事，有喜色。门人曰："闻君子祸至不惧,福至不喜。"孔子曰："有是言也。不曰'乐其以贵下人'乎？"于是诛鲁大夫乱政者少正卯。与闻国政三月，粥羔豚者弗饰贾[3]，男女行者别于涂，涂不拾遗，四方之客至乎邑者不求有司，皆予之以归[4]。

齐人闻而惧，曰："孔子为政必霸，霸则吾地近焉，我之为先并矣，盍致地焉？"黎钼曰："请先尝沮之。沮之而不可则致地，庸迟乎！"于是选齐国中女子好者八十人，皆衣文衣，而舞《康乐》，文马三十驷，遗鲁君。陈女乐文马于鲁城南高门外。季桓子微服往观再三，将受，乃语鲁君为周道游，往观终日，怠于政事。子路曰："夫子可以行矣。"孔子曰："鲁今且郊，如致膰乎大夫[5]，则吾犹可以止。"桓子卒受齐女乐，三日不听政；郊，又不致膰俎于大夫。孔子遂行，宿乎屯。而师己送，曰："夫子则非罪。"孔子曰："吾歌可夫？歌曰：彼妇之口，可以出走；彼妇之谒，可以死败。盖优哉游哉，维以卒岁！"师已反，桓子曰："孔子亦何言？"师己以实告。桓子喟然叹曰："夫子罪我以群婢故也夫！"

孔子遂适卫，主于子路妻兄颜浊邹家。卫灵公问孔子："居鲁得禄几何？"对曰："奉粟六万。"卫人亦致粟六万。居顷之，或谮孔子于卫灵公，灵公使

---

1　雉：古代计算城墙面积的单位，长三丈高一丈为一雉。

2　三都：指季孙氏、孟孙氏、叔孙氏三人封地的城邑。

3　粥：同"鬻"，卖。贾：同"价"。

4《家语》作"皆如归"。意谓都有宾至如归之感。

5　祭祀用的烤肉。祭祀结束之后将所用烤肉分送大臣是符合当时礼节的，这样表示对大臣的尊重。

公孙余假一出一入[1]。孔子恐获罪焉，居十月，去卫。

将适陈，过匡，颜刻为仆，以策指之曰："昔吾入此，由彼缺[2]也。"匡人闻之，以为鲁之阳虎。阳虎尝暴匡人，匡人于是遂止孔子。孔子状类阳虎，拘焉五日。颜渊后至，子曰："吾以为汝死矣。"颜渊曰："子在，回何敢死！"匡人拘孔子益急，弟子惧。孔子曰："文王既没，文不在兹乎[3]？天之将丧斯文也，后死者不得与于斯文也；天之未丧斯文也，匡人其如予何！"孔子使从者为宁武子臣于卫，然后得去。

去即过蒲。月余，反乎卫，主蘧伯玉家。灵公夫人有南子者，使人谓孔子曰："四方之君子不辱欲与寡君为兄弟者，必见寡小君。寡小君愿见。"孔子辞谢，不得已而见之。夫人在絺帷[4]中。孔子入门，北面稽首[5]。夫人自帷中再拜，环佩玉声璆然。孔子曰："吾乡为弗见，见之礼答焉。"子路不说。孔子矢之曰："予所不者，天厌之！天厌之！"居卫月余，灵公与夫人同车，宦者雍渠参乘，出，使孔子为次乘，招摇市过之。孔子曰："吾未见好德如好色者也。"于是丑之，去卫，过曹。是岁，鲁定公卒。

孔子去曹适宋，与弟子习礼大树下。宋司马桓魋欲杀孔子[6]，拔其树。弟子曰："可以速矣。"孔子曰："天生德于予，桓魋其如予何！"

孔子适郑，与弟子相失，孔子独立郭东门。郑人或谓子贡曰："东门有人，其颡似尧，其项类皋陶，其肩类子产，然自要以下不及禹三寸，累累[7]若丧家之狗。"子贡以实告孔子。孔子欣然笑曰："形状，末也。而谓似丧家之狗，然哉！然哉！"

孔子遂至陈，主于司城贞子家。岁余，吴王夫差伐陈，取三邑而去。赵鞅伐朝歌。楚围蔡，蔡迁于吴。吴败越王句践会稽。

有隼集于陈廷而死，楛矢贯之，石砮，矢长尺有咫。陈湣公使使问仲尼。

---

1 指用兵仗跟踪孔子出入，进行威胁。

2 这一城墙上的缺口是往昔被阳虎攻破的。

3 文：指周代的礼乐制度。兹：这里，指孔子自己。

4 絺帷：细葛布帐子。

5 古代的一种恭敬的礼节，叩头触地。

6 据《曲礼·子贡问解》说：桓魋奢侈，曾奴役工匠为自己造石椁，受到孔子的责备，是怀恨在心，要杀孔子。

7 累累：颓丧憔悴的样子。

仲尼曰："隼来远矣，此肃慎之矢也。昔武王克商，通道九夷百蛮，使各以其方贿来贡，使无忘职业[1]。于是肃慎贡楛矢石砮，长尺有咫。先王欲昭其令德，以肃慎矢分大姬，配虞胡公而封诸陈。分同姓以珍玉，展亲；分异姓以远职，使无忘服。故分陈以肃慎矢。"试求之故府[2]，果得之。

孔子居陈三岁，会晋、楚争强，更伐陈，及吴侵陈，陈常被寇。孔子曰："归与归与！吾党之小子狂简[3]，进取不忘其初。"于是孔子去陈。

过蒲，会公叔氏以蒲畔，蒲人止孔子。弟子有公良孺者，以私车五乘从孔子。其为人长贤，有勇力，谓曰："吾昔从夫子遇难于匡，今又遇难于此，命也已。吾与夫子再罹难，宁斗而死。"斗甚疾。蒲人惧，谓孔子曰："苟毋适卫，吾出子。"与之盟，出孔子东门。孔子遂适卫。子贡曰："盟可负邪？"孔子曰："要盟也，神不听。"

卫灵公闻孔子来，喜，郊迎。问曰："蒲可伐乎？"对曰："可。"灵公曰："吾大夫以为不可。今蒲，卫之所以待晋、楚也，以卫伐之，无乃不可乎？"孔子曰："其男子有死之志，妇人有保西河之志[4]。吾所伐者不过四五人。"灵公曰："善。"然不伐蒲。

灵公老，怠于政，不用孔子。孔子喟然叹曰："苟有用我者，期月而已，三年有成。"孔子行。

佛肸为中牟宰。赵简子攻范、中行，伐中牟。佛肸畔，使人召孔子。孔子欲往。子路曰："由闻诸夫子：'身亲为不善者，君子不入也。'今佛肸亲以中牟畔，子欲往，如之何？"孔子曰："有是言也。不曰坚乎，磨而不磷；不曰白乎，涅而不淄。我岂匏瓜也哉，焉能系而不食？"

孔子击磬。有荷蒉[5]而过门者，曰："有心哉，击磬乎！硁硁乎，莫己知[6]也夫而已矣！"

---

1　职业：指朝贡之事。职，供赋，这里做动词朝贡。

2　故府：指过去收藏各方货物的仓库。

3　志大而疏略于事。

4　公叔氏叛乱后，想将蒲改属他国，而蒲人坚决反对，所以说：其男子有死之志。西河是卫国的地方，所以卫国妇人有保西河之志。

5　蒉：用草编的盛土器具。

6　即莫知己，没有人知道自己。

孔子学鼓琴师襄子，十日不进。师襄子曰："可以益矣。"孔子曰："丘已习其曲矣，未得其数[1]也。"有间，曰："已习其数，可以益矣。"孔子曰："丘未得其志也。"有间，曰："已习其志，可以益矣。"孔子曰："丘未得其为人也。"有间，有所穆然深思焉，有所怡然高望而远志焉。曰："丘得其为人，黯然而黑，几然而长，眼如望羊[2]，如王四国，非文王谁能为此也！"师襄子辟席再拜，曰："师盖云《文王操》也。"

孔子既不得用于卫，将西见赵简子。至于河而闻窦鸣犊、舜华之死也，临河而叹曰："美哉水，洋洋乎！丘之不济此，命也夫！"子贡趋而进曰："敢问何谓也？"孔子曰："窦鸣犊、舜华，晋国之贤大夫也。赵简子未得志之时，须此两人而后从政；及其已得志，杀之乃从政。丘闻之也，刳胎杀夭则麒麟不至郊，竭泽涸渔则蛟龙不合阴阳，覆巢毁卵则凤皇不翔。何则？君子讳伤其类也。夫鸟兽之于不义也尚知辟之，而况乎丘哉！"乃还息乎陬乡，作为《陬操》以哀之。而反乎卫，入主蘧伯玉家。

他日，灵公问兵陈。孔子曰："俎豆之事则尝闻之，军旅之事未之学也。"明日，与孔子语，见蜚雁，仰视之，色不在孔子。孔子遂行，复如陈。

夏，卫灵公卒，立孙辄，是为卫出公。六月，赵鞅内太子蒯聩于戚。阳虎使太子絻，八人衰绖[3]，伪自卫迎者，哭而入，遂居焉。冬，蔡迁于州来。是岁鲁哀公三年，而孔子年六十矣。齐助卫围戚，以卫太子蒯聩在故也。

夏，鲁桓、釐庙燔，南宫敬叔救火。孔子在陈，闻之，曰："灾必于桓、釐庙乎？"已而果然。

秋，季桓子病，辇而见鲁城，喟然叹曰："昔此国几兴矣，以吾获罪于孔子，故不兴也。"顾谓其嗣康子曰："我即死，若必相鲁；相鲁，必召仲尼。"后数日，桓子卒，康子代立。已葬，欲召仲尼。公之鱼曰："昔吾先君用之不终，终为诸侯笑。今又用之，不能终，是再为诸侯笑。"康子曰："则谁召而可？"曰："必召冉求。"于是使使召冉求。冉求将行，孔子曰："鲁人召求，非小用之，

1 数：指演奏乐曲的技术、方法。

2 几然：身长的样子。望羊：又作望洋，远望。

3 絻：古代的一种孝服。衰：同"缞"，古代一种用粗麻布制成的孝服。绖：古代丧服上的麻布带子。

将大用之也。”是日，孔子曰：“归乎归乎！吾党之小子狂简，斐然成章，吾不知所以裁之。”子贡知孔子思归，送冉求，因诫曰，“即用，以孔子为招”云。

冉求既去，明年，孔子自陈迁于蔡。蔡昭公将如吴，吴召之也。前昭公欺其臣迁州来，后将往，大夫惧复迁，公孙翩射杀昭公。楚侵蔡。秋，齐景公卒。

明年，孔子自蔡如叶。叶公问政，孔子曰：“政在来远附迩。”他日，叶公问孔子于子路，子路不对。孔子闻之，曰：“由，尔何不对曰：其为人也，学道不倦，诲人不厌，发愤忘食，乐以忘忧，不知老之将至云尔。”

去叶，反于蔡。长沮、桀溺耦而耕[1]，孔子以为隐者，使子路问津焉。长沮曰：“彼执舆者为谁？”子路曰：“为孔丘。”曰：“是鲁孔丘与？”曰：“然。”曰：“是知津矣。”桀溺谓子路曰：“子为谁？”曰：“为仲由。”曰：“子，孔丘之徒与？”曰：“然。”桀溺曰：“悠悠者天下皆是也，而谁以易之？且与其从辟人之士，岂若从辟世之士哉！”耰而不辍。子路以告孔子，孔子怃然曰：“鸟兽不可与同群。天下有道，丘不与易也。”

他日，子路行，遇荷蓧丈人，曰：“子见夫子乎？”丈人曰：“四体不勤，五谷不分，孰为夫子！”植其杖而芸。子路以告，孔子曰：“隐者也。”复往，则亡。

孔子迁于蔡三岁，吴伐陈。楚救陈，军于城父。闻孔子在陈蔡之间，楚使人聘孔子。孔子将往拜礼，陈、蔡大夫谋曰：“孔子贤者，所刺讥皆中诸侯之疾。今者久留陈、蔡之间，诸大夫所设行皆非仲尼之意。今楚，大国也，来聘孔子。孔子用于楚，则陈、蔡用事大夫危矣。”于是乃相与发徒役围孔子于野。不得行，绝粮。从者病，莫能兴。孔子讲诵弦歌不衰。子路愠见曰：“君子亦有穷乎？”孔子曰：“君子固穷，小人穷，斯滥矣。”

子贡色作。孔子曰：“赐，尔以予为多学而识之者与？”曰：“然。非与？”孔子曰：“非也。予一以贯之。”

孔子知弟子有愠心，乃召子路而问曰：“《诗》云，‘匪兕匪虎，率彼旷野。’吾道非邪？吾何为于此？”子路曰：“意者吾未仁邪？人之不我信也。意者

1　耦而耕：用耦耕的方法耕田。耦，古代耕作，两个人各执一耜（一种农具），配合并耕，这种耕作方法叫耦。

吾未知邪？人之不我行也。”孔子曰：“有是乎！由，譬使仁者而必信，安有伯夷、叔齐？使知者而必行，安有王子比干？”

子路出，子贡入见。孔子曰：“赐，《诗》云：‘匪兕匪虎，率彼旷野。’吾道非邪？吾何为于此？”子贡曰：“夫子之道至大也，故天下莫能容夫子。夫子盖少贬焉？”孔子曰:“赐，良农能稼而不能为穑，良工能巧而不能为顺。君子能修其道，纲而纪之，统而理之，而不能为容。今尔不修尔道而求为容。赐，而志不远矣！”

子贡出，颜回入见。孔子曰：“回，《诗》云：‘匪兕匪虎，率彼旷野。’吾道非邪？吾何为于此？”颜回曰：“夫子之道至大，故天下莫能容。虽然，夫子推而行之，不容何病？不容然后见君子！夫道之不修也，是吾丑也；夫道既已大修而不用，是有国者之丑也。不容何病？不容然后见君子！”孔子欣然而笑曰：“有是哉颜氏之子！使尔多财，吾为尔宰。”于是使子贡至楚。楚昭王兴师迎孔子，然后得免。

昭王将以书社地[1]七百里封孔子。楚令尹子西曰：“王之使使诸侯有如子贡者乎？”曰：“无有。”“王之辅相有如颜回者乎？”曰：“无有。”“王之将率有如子路者乎？”曰:“无有。”“王之官尹有如宰予者乎？”曰:“无有。”“且楚之祖封于周，号为子男五十里。今孔丘述三五之法[2]，明周、召之业，王若用之，则楚安得世世堂堂方数千里乎！夫文王在丰，武王在镐，百里之君率王天下。今孔丘得据土壤，贤弟子为佐，非楚之福也。”昭王乃止。其秋，楚昭王卒于城父。

楚狂接舆歌而过孔子[3]，曰:“凤兮凤兮，何德之衰[4]！往者不可谏兮，来者犹可追也！已而已而，今之从政者殆而！”孔子下，欲与之言。趋而去，弗得与之言。于是孔子自楚反乎卫。是岁也,孔子年六十三,而鲁哀公六年也。

---

1　书社：《索隐》云，古者二十五家为里，里则各立社，则书社者，书其社之人名于籍。也就是把里社的人名登记户籍。这里指有户籍登记的地方。

2　三皇五帝的治国方法。

3　歌而过孔子：唱着歌儿从孔子旁边走过。

4　何德之衰：即德何衰，指孔子不得意，周游列国，不被任用。

其明年，吴与鲁会缯，征百牢[1]。太宰嚭召季康子。康子使子贡往，然后得已。

孔子曰："鲁、卫之政，兄弟也。"是时，卫君辄父不得立，在外，诸侯数以为让。而孔子弟子多仕于卫，卫君欲得孔子为政，子路曰："卫君待子而为政，子将奚先？"孔子曰："必也，正名乎？"子路曰："有是哉，子之迂也！何其正也？"孔子曰："野哉由也！夫名不正则言不顺，言不顺则事不成，事不成则礼乐不兴，礼乐不兴则刑罚不中，刑罚不中则民无所措手足矣。夫君子为之必可名，言之必可行。君子于其言，无所苟而已矣。"

其明年，冉有为季氏将师，与齐战于郎，克之。季康子曰："子之于军旅，学之乎？性之乎？"冉有曰："学之于孔子。"季康子曰："孔子何如人哉？"对曰："用之有名，播之百姓，质诸鬼神而无憾。求之至于此道，虽累千社，夫子不利也。"康子曰："我欲召之，可乎？"对曰："欲召之，则毋以小人固之，则可矣。"而卫孔文子将攻太叔，问策于仲尼，仲尼辞不知，退而命载而行，曰："鸟能择木，木岂能择鸟乎？"文子固止。会季康子逐公华、公宾、公林以币迎孔子，孔子归鲁。

孔子之去鲁凡十四岁，而反乎鲁。鲁哀公问政，对曰："政在选臣。"季康子问政，曰："举直错诸枉[2]，则枉者直。"康子患盗，孔子曰："苟子之不欲，虽赏之不窃。"然鲁终不能用孔子，孔子亦不求仕。

孔子之时，周室微而礼乐废，诗、书缺。追迹三代之礼，序书传，上纪唐、虞之际，下至秦缪，编次其事。曰："夏礼吾能言之，杞不足征也。殷礼吾能言之，宋不足征也。足，则吾能徵之矣。"观殷、夏所损益，曰："后虽百世可知也，以一文一质。周监二代[3]，郁郁乎文哉。吾从周。"故书传、礼记自孔氏。

孔子语鲁大师："乐其可知也。始作翕如，纵之纯如，皦如，绎如也[4]，

1　百牢：牢指祭祀用的牲畜牛羊猪。按，周礼，上公九牢，侯、伯七牢，子、男五牢。吴征百牢，是不懂礼的缘故。

2　举直错诸枉：举用正直的人，废置邪曲的人。错：通"措"，置。枉：邪曲。

3　周朝的礼乐制度是在借鉴了夏、商二代礼乐制度长处的基础上制定的。监：通"鉴"，借鉴。

4　大：同"太"。翕如：配合一致。纯如：和谐。皦如：清晰。绎如：连续不断。

以成。吾自卫反鲁，然后乐正，雅、颂各得其所。”古者诗三千余篇，及至孔子，去其重，取可施于礼义，上采契、后稷，中述殷、周之盛，至幽、厉之缺，始于衽席[1]，故曰:《关雎》之乱[2]以为《风》始，《鹿鸣》为《小雅》始，《文王》为《大雅》始，《清庙》为《颂》始，三百五篇，孔子皆弦歌之，以求合《韶》、《武》、《雅》、《颂》之音。礼乐自此可得而述，以备王道，成六艺。

孔子晚而喜《易》，序《彖》、《系》、《象》、《说卦》、《文言》[3]。读《易》，韦编三绝。曰："假我数年若是，我于《易》则彬彬矣。"

孔子以《诗》、《书》、《乐》教弟子，盖三千焉，身通六艺[4]者七十有二人。如颜浊邹之徒，颇受业者甚众。孔子以四教:文，行，忠，信[5]。绝四:毋意，毋必，毋固，毋我[6]。所慎:齐，战，疾[7]。子罕言利与命与仁。不愤不启，举一隅不以三隅反，则弗复也。其于乡党，恂恂似不能言者。其于宗庙朝廷，辩辩言，唯谨尔。朝，与上大夫言，訚訚如也;与下大夫言，侃侃如也[8]。入公门，鞠躬如也；趋进，翼如也。君召使傧，色勃如也。君命召，不俟驾行矣。鱼馁，肉败，割不正，不食。席不正，不坐。食于有丧者之侧，未尝饱也。是日哭，则不歌。见齐衰[9]、瞽者，虽童子必变。"三人行，必得我师。""德之不修，学之不讲，闻义不能徙，不善不能改，是吾忧也。"使人歌，善，则使复之，然后和之。子不语：怪，力，乱，神[10]。

子贡曰："夫子文章，可得闻也。夫子言天道与性命，弗可得闻也已。"

---

1 衽席：本是床席，这里指男女情爱。

2 乱：音乐的尾声。

3《周易》中的卦辞和爻辞，文字简略，但隐晦难懂。故后人对其进行了解说，这些解说的文字称为《易传》，共十篇，故也称《十翼》，这就是《上彖》、《下彖》、《上象》、《下象》、《上系》、《下系》、《文言》、《序卦》、《说卦》、《杂卦》。《彖》，即《彖辞》、《易传》中说明各卦基本观念的篇名。《系》，即《系辞》，《易传》中总论全部《易》理的篇名。《象》，即《象辞》，《易传》中解释爻辞语句的篇名。《说卦》，是《易传》中解释八卦性质和象征的篇名。《文言》，《易传》中解释《乾》、《坤》两卦卦辞的篇名。

4 六艺：指礼、乐、射、御、数、术，为孔子教授弟子的内容。

5 文：文献，泛指学问。行：实践、行事。忠：忠恕。信：信义。

6 意：揣测。必：武断。固：固执。我：自以为是。

7 齐：同“斋”，斋戒。战：战争。疾：疾病。

8 訚訚如：和悦而能直言的样子。侃侃：和乐的样子。

9 齐衰：古代用粗麻布做成的一种丧服。服期以死了什么人来决定，如齐衰三年、齐衰一年、齐衰五日、齐衰三日等。衰：通“缞”。

10 怪：怪异。力：暴力。乱：叛乱。神：鬼神。

颜渊喟然叹曰："仰之弥高，钻之弥坚。瞻之在前，忽焉在后。夫子循循然善诱人，博我以文，约我以礼，欲罢不能。既竭我才，如有所立，卓尔。虽欲从之，蔑由也已。"达巷党人曰："大哉孔子，博学而无所成名。"子闻之曰："我何执？执御乎？执射乎？我执御矣。"牢曰："子云，'不试，故艺。'"

鲁哀公十四年春，狩大野。叔孙氏车子鉏商获兽，以为不祥。仲尼视之，曰："麟也。"取之。曰："河不出图，雒不出书，吾已矣夫！"颜渊死，孔子曰："天丧予！"及西狩见麟，曰："吾道穷[1]矣！"喟然叹曰："莫知我夫！"子贡曰："何为莫知子？"子曰："不怨天，不尤人，下学而上达，知我者其天乎！""不降其志，不辱其身，伯夷、叔齐乎？"谓："柳下惠、少连降志辱身矣。"谓："虞仲、夷逸隐居放言，行中清，废中权。""我则异于是，无可无不可。"

子曰："弗乎弗乎，君子病没世而名不称焉。吾道不行矣，吾何以自见于后世哉？"乃因史记作《春秋》，上至隐公，下讫哀公十四年，十二公[2]。据鲁，亲周，故殷[3]，运之三代。约其文辞而指博。故吴、楚之君自称王，而《春秋》贬之曰子；践土之会实召周天子，而《春秋》讳之曰天王狩于河阳。推此类以绳当世。贬损之义，后有王者而开之。《春秋》之义行，则天下乱臣贼子惧焉。

孔子在位听讼，文辞有可与人共者[4]，弗独有也。至于为《春秋》，笔则笔，削则削，子夏之徒不能赞一辞。弟子受《春秋》，孔子曰："后世知丘者以《春秋》，而罪丘者亦以《春秋》。"

明岁，子路死于卫。孔子病，子贡请见。孔子方负杖逍遥于门，曰："赐，汝来何其晚也？"孔子因叹，歌曰："太山坏乎！梁柱摧乎！哲人萎乎！"因以涕下。谓子贡曰："天下无道久矣，莫能宗予[5]。夏人殡于东阶，周人于西阶，殷人两柱间。昨暮予梦坐奠两柱之间，予始殷人也。"后七日卒。

孔子年七十三，以鲁哀公十六年四月己丑卒。哀公诔之曰："旻天不吊，

---

1 麟在古代被视为祥瑞之兽，孔子见麟死，以为是自己的死亡之兆，所以哀叹他的政治主张不可能实现了。

2 十二公：指鲁国的十二个国君。即隐公、桓公、庄公、闵公、僖公、文公、宣公、成公、襄公、昭公、定公、哀公。

3 据鲁：以鲁国为中心记述。亲周：指奉周王室为正统。故殷：把殷朝的旧制作借鉴。故：古，引申有借鉴之意。

4 可与人共：可以与人商量斟酌。

5 宗予：尊奉我的主张。予，我。

不憖遗一老，俾屏余一人以在位，茕茕余在疚。呜呼哀哉！尼父，毋自律！”子贡曰：“君其不没于鲁乎！夫子之言曰：‘礼失则昏，名失则愆。失志为昏，失所为愆。’生不能用，死而诔之，非礼也。称‘余一人’，非名也。”[1]

孔子葬鲁城北泗上，弟子皆服三年。三年心丧[2]毕，相诀而去，则哭，各复尽哀；或复留。唯子贡庐于冢上，凡六年，然后去。弟子及鲁人往从冢而家者百有余室，因命曰孔里。鲁世世相传以岁时奉祠孔子冢，而诸儒亦讲礼、乡饮、大射于孔子冢。孔子冢大一顷。故所居堂、弟子内，后世因庙藏孔子衣冠琴车书，至于汉二百余年不绝。高皇帝过鲁，以太牢祠焉。诸侯卿相至，常先谒然后从政。

孔子生鲤，字伯鱼。伯鱼年五十，先孔子死。伯鱼生伋，字子思，年六十二。尝困于宋。子思作《中庸》。子思生白，字子上，年四十七。子上生求，字子家，年四十五。子家生箕，字子京，年四十六。子京生穿，字子高，年五十一。子高生子慎，年五十七，尝为魏相。子慎生鲋，年五十七，为陈王涉博士，死于陈下。鲋弟子襄，年五十七，尝为孝惠皇帝博士，迁为长沙守。长九尺六寸。子襄生忠，年五十七。忠生武，武生延年及安国。安国为今皇帝博士，至临淮太守，蚤卒。安国生卬，卬生驩。

太史公曰，《诗》有之：“高山仰止，景行行止。”虽不能至，然心向往之。余读孔氏书，想见其为人。适鲁，观仲尼庙堂、车服、礼器，诸生以时习礼其家，余祗回留之不能去。云天下君王至于贤人众矣，当时则荣，没则已焉。孔子布衣，传十余世，学者宗之。自天子王侯，中国言六艺者折中于夫子，可谓至圣矣！

---

1　一人：即寡人，只有天子才能这样自谓，诸侯不得用此，所以子贡谓鲁哀公称余一人不合名分。

2　心丧：在心中悼念，不穿丧服。

# 翻 译

孔子出生在鲁国昌平乡的陬邑。他的祖先是宋国人，叫孔防叔。防叔生伯夏，伯夏生了叔梁纥。叔梁纥年老时娶颜姓少女才生了孔子，那是他们到尼丘山向神明祷告后才生孔子的（图一）。鲁襄公二十二年（公元前 551 年）孔子诞生。他刚出生时头顶是凹下去的，所以就给他取名叫丘。字仲尼，姓孔氏。

图一　尼丘祷嗣

孔子出生不久叔梁纥就死了，埋葬在防山。防山在鲁国东部，因此孔子无法确知父亲的坟墓在何处，是母亲没有把父亲埋葬的地方告诉他。孔子小时候做游戏，常常摆起各种祭器，学做祭祀的礼仪动作。孔子的母亲死后，他就把灵柩暂且停放在五父之衢，这是出于慎重没有马上埋葬。陬邑人輓父的母亲把孔子父亲的葬地告诉了他，然后孔子才把母亲迁去防山同父亲合葬在一起。

孔子腰间还系着麻带守丧时，季孙氏举行宴会款待名士，孔子前往参加。季孙氏的家臣阳虎阻挠他说："季氏招待名士，没有请你啊。"孔子只好退了回来。

孔子十七岁那年，鲁国大夫釐子病危，临终前告诫儿子懿子说："孔丘这个人是圣人的后代，他的先祖弗父何本来可以继位做宋国国君，却让位于他的弟弟厉公。到他的另一个先祖正考父时，历佐宋戴公、宋武公、宋宣公三朝，三次受命一次比一次恭敬，所以正考父鼎的铭文说：'第一次受命鞠躬而受，第二次受命时弯腰而受，第三次任命时俯首而受。走路时顺着墙根快走，也没人敢欺侮我，我就在这个鼎中做些面糊粥以糊口度日。’他就是这般恭谨节俭。我听说圣人的后代虽不一定做国家的执政，但必定会有才德显达的人出现。如今孔子年少好礼，他不就是才德显达的人吗？如果我死了，你一定要以他为师。”等到孟釐子死后，孟懿子和鲁国人南宫敬叔便前往孔子处学礼。这一年，季武子死了，由平子继承了卿位。

孔子早年家境贫穷，社会地位低下。到长大之后，曾给季氏做过管理仓库的小吏，出纳钱粮算得公平准确；也曾担任过管理牧场的小吏，做事尽心尽力，以致牲畜蕃息。并因此升任主管营建工程的司空。过了不多久，他离开了鲁国，在齐国受到排斥，在宋国、卫国遭遇到驱逐，又在陈国和蔡国之间被围困，最后又返回了鲁国。孔子身高九尺六寸，人们都称他为长人，觉得他与一般人不一样。鲁国后来开始善待他，所以他最终返回了鲁国。

鲁国人南宫敬叔曾对鲁昭公说：“请让我与孔子一起到周朝去吧。”鲁昭公就给了他一辆车子、两匹马、一名童仆，随他出发，到周国去学礼，据说是见到了老子。告辞时，老子送他们时说：“我听说富贵的人是用财物送人，品德高尚的人是用言辞赠人。我不是富贵的人，只能窃用品德高尚人的名号，用言辞为您送行。这几句话是：聪明深察的人常常受到死亡的威胁，那是因为他喜欢议论别人的缘故；博学善辨识见广大的人常遭遇困厄危及自身，那是因为他好揭发别人罪恶的缘故。做子女的忘记自己而心系父母，做臣下的要忘掉自己而心存君主。”（图二）孔子从周回到鲁国之后，跟从他学习的弟子就渐渐多起来了。

在这个时候，晋平公淫乱无道，韩氏、赵氏、魏氏、中行氏、范氏、智氏六家大臣把持国政，不断出兵攻打东边的侯国，楚灵王军队强大，也时常侵犯中原各国；齐是大国又靠近鲁国。鲁国既小又弱，归附楚国就惹怒晋国，归附晋国就招致楚国来讨伐，对于齐国如果奉事不周到，则时刻面临齐国军队的侵犯。

鲁昭公二十年（公元前 522 年），这时孔子大约三十岁。齐景公带着晏婴来到鲁国，景公请教孔子说：“从前秦穆公拥有的国家很小，而且处于偏僻的地方，他却能够称霸，这是什么原因呢？”孔子回答说：“秦国虽小，志向却很大；所处地方虽然偏僻，但施政却很恰当。秦穆公亲自拨用五张黑色公羊皮赎来奴隶百里奚，授给他大夫的官爵，把他从拘禁中解救出来后，仅与他一连谈了三天的话，随后就把执政大权交给了他。用这种精神来治理国家，就是统治整个天下也是可以的，他当个霸主还算是小的呢。”景公听了很高兴。

孔子三十五岁的时候，季平子因为与郈昭伯斗鸡结怨的事得罪了鲁昭公，昭公率军队攻打平子，平子和孟孙氏、叔孙氏三家联合攻打昭公，昭公的军队吃了败仗，逃奔到齐国，齐国把昭公安置在乾侯这个地方。其后过了不久，鲁国发生动乱。孔子来到齐国，做了高昭子的家臣，想借高昭子的关系接近

图二　问礼老聃

图三　婴阻齐封

景公。他与齐国的乐官谈论音乐，听到了舜时的《韶》乐，就学习了起来，有三个月的时间竟尝不出肉的味道，齐国人都称赞他。

齐景公向孔子请教如何为政，孔子说："国君要像国君的样子，臣子要像臣子的样子，父亲要像父亲的样子，儿子要像儿子的样子。"景公听了后说："对极了！假如国君不像个国君，臣子不像个臣子，父亲不像个父亲，儿子不像个儿子，即使有很多的粮食，我怎么能吃得着呢！"改日景公又向孔子请教为政的道理，孔子说："管理国家最重要的是节约开支，杜绝浪费。"景公听了很高兴，打算把尼谿的田地封赏给孔子。晏婴劝阻说："儒者这种人，能说会道，是不能用法来约束他们的；他们高傲任性自以为是，不能任为下臣使用；他们重视丧事，竭尽哀情，为了葬礼隆重而不惜倾家荡产，因此不能让这种做法形成风气；他们四处游说乞求官禄，不能用他们来治理国家。自从那些圣贤相继下世以后，周王室也随之衰微下去，礼崩乐坏已有好些时间了。现在孔子讲究仪容服饰，详定繁琐的上朝下朝礼节，刻意于行走的规矩，这些繁文缛节，就是几代人也学习不完，毕生也搞不清楚。您如果想用这套东西来改变齐国的风俗，恐怕这不是引导老百姓的好办法。"（图三）

之后，齐景公虽然很有礼貌地接见孔子，再没有问起有关礼的问题。有一天，景公告诉孔子说："用给季氏那样高的待遇给您，我是做不到的。"所以就用上卿季孙氏、下卿孟孙氏之间的待遇给孔子。齐国的大夫中有人想害孔子，孔子听到了这个消息。景公对孔子说："我已经老了，不能用你了。"孔子于是就离开齐国，返回了鲁国。

孔子四十二岁那年，鲁昭公死在齐国的乾侯，鲁定公继位。定公继位的第五年夏天，季平子死了，季恒子继立为上卿。季桓子家掘井时掘得一个腹大口小的陶器，里面有个像羊的东西，告诉孔子时却谎称得到一只狗。孔子说：“据我所知，那里面是羊。我听说，山林中的怪物是叫夔的单足兽和会学人声的山精罔阆，水中的怪物是神龙和罔象，泥土中的怪物是一种雌雄未明的羵羊。”

图四　专车谕吴

吴国攻打越国，把越国的国都会稽摧毁了，得到一节大骨头，有一辆车长。吴国派使者来问孔子：“什么骨头最大？”孔子说：“大禹召集群神到会稽山开会，防风氏迟到了，大禹就把他杀死并陈尸示众，他的骨头一节就有一车长，这就是最大的骨头了。”吴国的使者又问：“那神又是谁呢？”孔子说：“山川的神灵能兴云致雨足可造福天下，负责监守山川按时祭祀的就是神。守护土地和谷物的就是公侯，他们都隶属于王者。”吴使又问：“防风氏是监守什么的？”孔子说：“汪罔氏的君长监守封山和禺山一带的祭祀，是釐姓。在虞、夏、商三代时叫汪罔，在周代时叫长翟，现在叫做大人。”吴使又问：“人的身高有多少？”孔子回答说：“僬侥氏身高只有三尺，是最矮的了；高的不过三丈，数得上是最高的了。”吴国使者听了之后感叹说：“了不起呀，真是圣人啊！”（图四）

季桓子有个宠臣叫仲梁怀，与阳虎有怨仇。阳虎想要驱逐仲梁怀，季氏家臣公山不狃阻止了他。这年秋天，仲梁怀更加骄横了，阳虎就把他捉了起来。季桓子对此很恼怒，阳虎就把季桓子也囚禁了起来，直到季桓认输订立了盟约才把他释放出来。阳虎从此以后更加看不起季氏。季氏办事也凌驾于

图五 侍席鲁君

鲁君之上，鲁国出现了大臣专权的局面。因此，鲁国自大夫以下都不守礼分，超越职权违背了正道。所以，孔子不愿意再在鲁国做官了，退闲在家，专心研究整理《诗》、《书》、《礼》、《乐》这些典籍，学生们越来越多，有的甚至来自远方，无不虚心向孔子求教。

鲁定公八年（公元前502年），公山不狃在季桓子手下感到不如意，就利用阳虎作乱，打算废掉季孙氏、孟孙氏、叔孙氏三家的嫡生嗣子，另立平日为阳虎所喜欢的庶子，于是就把季桓子抓了起来。桓子用计骗了他，才得以逃脱出来。鲁定公九年，阳虎作乱失败，逃奔到了齐国。这时，孔子五十岁。（图五）

公山不狃凭借费城反叛季氏，他派人来请孔子去帮忙。孔子探索所依循的治国之道已经很久了，但无处可以施展，抑郁不得志，听说有人能任用自己，就很高兴地说："当初周文王、周武王兴起于丰、镐而建立了王业，现在费城虽然小，应该也差不多吧！"想要应召前去。子路不高兴，阻止孔子。孔子辩解说："他们请我去，难道会让我白白跑一趟吗？如果重用了我，我将在东方建立一个像周那样的王朝！”然而最终也没能成行。后来鲁定公任命孔子做了中都长官，一年后，各地都效法他的治理办法。孔子便由中都宰晋升为司空，又由司空提升为大司寇。

鲁定公十年的春天，鲁国与齐国和解。到了夏天，齐国大夫黎钽对景公说：“鲁国起用了孔丘，势必危及齐国。”于是齐景公就派使者告诉鲁国，说要与鲁定公举行友好会晤，约定会盟的地点在夹谷。鲁定公准备好车辆随从，毫无戒备地前去赴约。孔子以大司寇的身份，兼办会晤典礼事宜，他对定公说：“我听说外交活动必须要有武装准备，办理武事也必须有外交配合。从前王侯出了自己的疆界，一定要带齐必要的官员随从。请您安排左、右司马一起去吧。”定公说：“好的。”就带了左、右司马一道前去。定公在夹谷与齐侯相会。在那里修筑了盟坛，坛上备好席位，设置了登坛的三级台阶，用国君相见的礼节相见，拱手揖让登上盟坛。彼此馈赠应酬的仪式行过之后，齐国管事的官员快步上前请示说：“请准许演奏四方各族的舞乐助兴吧？”齐景公说：“好的。”于是齐国的乐队以旌旗为先导，有的头戴羽冠，身披皮衣，有的手执矛、戟、剑、楯等武器，喧闹着一拥而上。孔子见状赶忙跑过来，一步一阶快步登台，还差一级台阶时，便扬起衣袖一挥，说道：“我们两国国君为和好而来相会，为什么要在这里演奏夷狄的舞乐呢！请命令管事官员叫他们都下去！”主管官员叫乐队退下，他们却不肯移动，紧盯晏婴与齐景公的眼色。齐景公心里惭愧，挥手叫乐队退了下去。过了一会儿，齐国的管事官员又跑来请示：“请允许演奏宫中的乐曲。”景公说：“好的。”于是，一些歌舞杂技艺人和身材矮小的侏儒都前来表演了。孔子看了又急忙跑过来。一步一阶往台上走，最后一阶还没有迈上就说道：“普通人敢来迷惑诸侯，论罪当杀！请命令主事官员去执行吧！”于是，主事官员依法将他们处以腰斩，让他们来个手足异处。

这次会盟使齐景公深为触动，知道自己道理上不如鲁国，回国之后责备大臣们说：“鲁国是用君子的道理来辅佐他们的国君，而你们却仅拿夷狄的办法教我，使我得罪了鲁国国君，这该怎么办呢？”主管官员上前回答说：“君子有了过错，就用实际行动来向人家道歉认错；小人有了过错，就用花言巧语来谢罪。您如果觉得愧疚，就用具体行动来表示歉意吧。”于是齐景公就退还了从前所侵夺的鲁国郓、汶阳、龟阴的土地，以此来向鲁国表示歉意。

鲁定公十三年（公元前 497 年）的夏天，孔子对定公说：“臣下的家中不能收藏武器，大夫的封邑不能筑起高一丈长三百丈的城墙。”于是就派仲由去当季氏的管家，打算拆毁季孙、孟孙、叔孙三家封邑的城墙。这时，叔孙氏首先把郈邑的城墙拆了。季孙氏也准备拆费邑的城墙，公山不狃和叔孙辄就带领费邑的人袭击鲁国国君。鲁定公和季孙、孟孙、叔孙三人就躲进了季孙的住宅，登上了季孙武子的高坛。公山不狃率领的费邑人进攻他们，虽然没有打进去，但有的人已经逼近鲁定公所登高坛的近侧。孔子命令申句须、乐颀下台来攻打他们，费邑人失败逃走，鲁国人乘胜追击，在姑蔑把他们彻底击溃。公山不狃、叔孙辄两人逃到了齐国，费邑的城墙终于被拆毁了。接着准备拆成城，孟孙氏的家臣公敛处父告诉孟孙说：“拆除了成邑的城墙，齐国人必将进逼到我们的北大门。且成城又是你们孟氏的屏障，没有成城也就等于没有孟氏。我不打算拆毁。”十二月，鲁定公率兵包围了成城，没有攻下来。（图六）

鲁定公十四年，孔子五十六岁，他由大司寇代理国相职务，脸上露出喜悦神色。他的弟子说：“听说君子大祸临头时不恐惧，大福到来时也不喜形于色。”孔子说：“确实有这样一句话，但不是还有一句‘乐在身居高位而礼贤下士’的话吗？”于是就把扰乱国政的大夫少正卯杀了。孔子参与国政三个月，贩卖猪、羊的商人就不敢漫天要价了，男女行人都分开走路，掉在路上的东西也没人捡走，各地的旅客来到鲁国的城邑，用不着向官员们求情送礼，都能得到满意的照顾，好像回到了家中一样。齐国听到了这个消息后就害怕了起来，说：“孔子在鲁国执政下去，一定会称霸，一旦鲁国称霸，我们靠它最近，必然会首先来吞并我们。何不先送一些土地给他们呢？”大夫黎钽说：“我们先试着阻止他们一下，如果不成，再送给他们土地也不迟吗！”于是就从齐国各地挑选了八十个美貌女子，都穿上华丽的衣服，教她们学会跳《康乐》的舞蹈，另选身上有花纹的马一百二十四，一起送给鲁君。先把女乐和纹马彩车安置在鲁城南面的高门外。季桓子身着便服前往观看再三，打算接受下来，就告诉鲁君以外出视察为名前往观赏。结果，鲁定公连国家的政事也懒得去管理了。子路看到这种情形便对孔子说：“老师，我们可以离开这里了吧？”孔子说：“鲁国现在就要举行郊外祭祀了，如果能按照礼法把典礼后的烤肉分给大夫们，那么我还可以留下不走。”季桓子终于接受了齐国送来的女乐和彩马，一连几天不再过问政务；郊外祭祀后，也没有把烤肉分给大夫们。孔子于是离开了鲁国，当天就在屯地住宿过夜。鲁国一个名叫师己的乐师来为他送行，说道：“先生您是没有过错的。”孔子说：“我唱一首歌，好不好？”于是唱道：“那些妇人的嘴，可以把大臣和亲信撵走；接近那些妇女，可以使人事败亡。悠闲啊悠闲，我只有这样安度岁月啦！”师己返回后，桓子问他说：“孔子说了些什么？”师己如实相告。桓子长叹一声，说：“孔子是怪罪我们接受了齐国的女乐啊！”

孔子于是到了卫国，寄住在子路妻子的兄长颜浊邹家中。卫灵公问孔子：“你在鲁国得到的俸禄是多少？”孔子回答说：“粟六万斗。”卫国也照样给了

图六　礼堕三都

他粟六万斗。过了不多久，有人向卫灵公说孔子的坏话，卫灵公就派公孙余假用兵仗监视孔子的出入。孔子害怕在这里获罪，住了十个月，就离开了卫国。

孔子将要到陈国去，经过一个叫匡的地方，弟子颜刻替他赶车，用马鞭子指着说：“从前我进入过这个城，就是由那缺口进去的。”匡人误以为是鲁国的阳虎来了，阳虎曾经残害过匡人，于是就把孔子围困了起来。孔子的模样很像阳虎，所以被困在那里整整五天。颜渊后来赶到，孔子说：“我还以为你死了。”不料颜渊回敬说：“老师您活着，我怎么敢死！”匡人围攻孔子越来越急，弟子们都很害怕。孔子鼓励他们说：“周文王已经死去，周代的礼乐制度不就在我们这里吗？如果上天要毁灭这些礼乐制度的话，就不会让我们承担起维护它的责任。如果上天并没有要毁灭周代这些礼乐制度，匡人又能把我怎么样呢！”孔子派了一个跟从他的人到宁武子那里称臣，然后才得以离开匡地。（图七）

孔子离开匡地之后就到了一个叫蒲的地方，过了一多月，又返回了卫国，

图七　孔子畏匡

寄住在蘧伯玉家。卫灵公有个叫南子的夫人，派人对孔子说："各国的君子，凡是看得起我们国君，并愿意与我们国君建立兄弟交情的，必定会来见见我们南子夫人，南子夫人也乐意见见您。"孔子开始还推辞一番，最后不得已只好去拜见她。南子坐在葛布做的帷帐中等待。孔子进门后，面朝北叩头行礼。南子在帷帐中拜了两拜，她披戴的环佩玉器首饰发出了叮当撞击的清响。事后孔子解释说："我本来不愿意见她，现在既然不得已见了，就得以礼相待。"子路对此很生气。孔子发誓说："我假若说的假话，上天一定会厌弃我！上天一定厌弃我！"在卫国住了一个多月，灵公与南子同坐了一辆车子，宦官雍渠陪侍车右，出宫后，让孔子坐在第二辆车子上跟从，大摇大摆地从市上走过。孔子说："我没有见过喜好道德却这样喜欢美色的人啊。"由于对卫灵公的所作所为感到厌恶，孔子离开卫国，前往曹国去了。这一年，鲁定公死了。（图八）

孔子离开曹国到达宋国，与弟子们在大树下演习礼仪。宋国的司马

图八　朝见南子

桓魋想杀死孔子，就把树砍掉了。孔子只得离开这个地方。弟子们催促说：“我们可以快点走了吧？”孔子说：“上天既然把传承道德的使命赋予我，桓魋他又能把我怎么样！”

图九　历代帝王庙之皋陶像

孔子到了郑国，与弟子们走散了，一个人站在外城的东门。郑国有人看见了就对子贡说：“东门有个人，他的额头像唐尧，脖子像皋陶，肩膀像郑子产，可是从腰部以下比禹短了三寸，一副狼狈不堪、没精打采的样子，真像一条丧家狗。”子贡见面把原话如实地告诉了孔子。不料孔子听后高兴地说：“他形容我的相貌，不一定对，但说我像条丧家狗，对极了！对极了。”（图九）

孔子于是到达陈国，寄住在司城贞子家里。过了一年多，吴王夫差来攻打陈国，夺取了三个城邑才退兵。赵鞅攻打朝歌。楚国包围了蔡国，蔡国迁移到吴地。吴国在会稽打败了越王勾践。

有一天，有只隼落在陈国的宫廷中死了，有楛木做的箭贯穿身体，箭头是石头制作的，箭长一尺八寸。陈湣公派使者向孔子请教，孔子说：“这些隼是从很远的地方飞来的，这是肃慎部族的箭。从前周武王伐纣灭商，沟通了与各少数民族的联系，让九夷百蛮各族都贡献各自的地方特产，以示不忘记自己的职责。于是肃慎部族献来楛木做的箭和石头制作的箭头，长一尺八寸。周武王为了显示他的美德，就把肃慎部族的箭分给长女大姬，后来大姬嫁给了虞胡公，虞胡公就封在陈国。当初王室分珍宝玉器给同姓诸侯，是为了表示重视亲族；把远方的贡品分赠给异姓诸侯，是为了让他们不忘记服从周王室。所以把肃慎部族的箭分给陈国。”陈湣公听了叫人到过去收藏各方贡物的仓库中去找一找，果然找到了这种箭。（图十）

孔子在陈国居住了三年，正好遇上晋国、楚国争霸，两国轮番攻打陈国，直到吴国攻打陈国为止，陈国一直遭受侵犯。孔子说：“回去吧，回去吧！我家乡的那些弟子志向很大，只是行事粗放一些，他们都很有进取心，也没有忘记自己的初衷。”于是孔子就离开了陈国。

孔子路过一个叫蒲的地方，正好遇上公叔氏据蒲反叛卫国，蒲人扣留了孔子。弟子中有个叫公良孺的，自己带了五辆车子跟随孔子周游各地。他这个人身材高大，有才德，且有勇力，对孔子说：“我从前跟随老师周游在匡地遇到危难，如今又在这里遇到危难，这是命里注定的吧。我宁可搏斗而死。”公良孺跟蒲人打得很激烈，蒲人害怕了，就对孔子说：“如果您不到卫国去，我就放你们走。”孔子与他们订立了盟约，这才放孔子他们从东门出去。孔子于是到了卫国。子贡说：“盟约可以违背吗？”孔子说：“在要挟下订立的盟约，神是不会认可的。”

卫灵公听说孔子到来，很高兴，亲自赶到郊外迎接。灵公问孔子说：“蒲这个地方可以讨伐吗？”孔子回答说：“可以。”灵公说：“我的大夫却认为不可以讨伐，因为现在的蒲是防御晋、楚的屏障，用我们卫国的军队去攻打，恐怕是不可以的吧？”孔子说：“蒲地的男子有誓死效忠卫国的决心，妇女有守卫西河这块地方的愿望。我所说要讨伐的，只是四五个领头叛乱的人罢了。”卫灵公说：“很好。”但是最终没有出兵去讨伐叛乱。卫灵公年纪老了，懒得处理政务，也不起用孔子。孔子长叹了一声说：“如果有人起用我，一年时间就差不多了，三年就会大见成效。”孔子只好离开了卫国。

图十　陈廷辨矢

佛肸做中牟的长官。晋国的赵简子攻打范氏、中行氏，讨伐中牟。佛肸就占据中牟，反叛赵简子，并派人请孔子，孔子打算前去。子路说：

“我听老师说过，做坏事的人那里，君子是不去的。现在佛肸自己占据中牟反叛，您却愿意前去，这是为什么呢？”孔子说：“我是说过这句话。但我不也说过，坚硬的东西是磨不薄的，洁白的东西是染不黑的。我难道是只中看不能吃的匏瓜吗，怎么可以老是挂着却不给人吃呢？”

有一次，孔子正敲着磬，有个背着草筐的人路过门口，说道：“有心思啊，这个击磬人，磬敲得又响又急！既然人家不赏识自己，那就算了吧！”

孔子向师襄子学习弹琴，一连学了十天，也没增学新曲子。师襄子说：“可以学些新曲了吧？”孔子说：“我已经熟习乐曲了，但还没有熟练地掌握弹琴的技法呢。”过了些时候，师襄子又说：“你已熟习弹琴的技法了，可以学些新曲子了吧？”孔子说：“我还没有领会乐曲的意蕴呢。”过了些时候，师襄子又说：“可以学些新曲了吧？”孔子说：“我还没有体会出作曲者是怎样的一个人呢。”过了些时候，孔子表情肃穆沉静，好像在深思着什么，接着又心旷神怡，显出志向远大的样子。说：“我体会出作曲者是个什么样的人了，他的肤色黝黑，身材高大，目光明亮而深邃，好像一个统治四方的王者，除了周文王又有谁能够如此呢！”师襄子恭敬地离开座位给孔子拜了两拜，说：“我老师原来说过，这是《文王操》呀。”（图十一）

图十一　学琴师襄

孔子既然得不到卫国的重用，就打算西游去见赵简子。到了黄河边，却听到窦鸣犊、舜华被杀的消息。于是面对着黄河感慨地叹气说：“壮美啊黄河水，浩浩荡荡多么盛大，我之所以不能渡过黄河，也是命运的安排吧！”子贡赶上前去问：“冒昧地请问老师，这话是什么意思？”孔子说：“窦鸣犊、舜华这两个人，都是晋国有才德的大夫。当赵简子

图十二　西河返驾

还没有得志的时候，是依靠这两个人才得以从政的；等到他得志了，却杀了他们来执掌政权。我听说过，一个地方剖腹取胎杀害幼兽，麒麟就不来到它的郊野；排干了池塘水抓鱼，那么龙就不会调和阴阳兴致雨水了；倾覆鸟巢毁坏鸟卵，凤凰就不愿来这里飞翔了。这是为什么呢？君子忌讳伤害他的同类。那些鸟兽对于不义的行为尚且知道避开，何况是我孔丘呢！”于是便回到老家陬乡休息，创作了《陬操》的琴曲来哀悼窦鸣犊、舜华两位贤人。随后又回到卫国，寄住在蘧伯玉家。（图十二）

有一天，卫灵公向孔子问起军队列阵作战的事。孔子回答说：“祭祀的事我倒是听说过，排兵布阵的事，我还不曾学过呢。”第二天，卫灵公与孔子谈话的时候，看见空中飞来大雁，就只顾抬头仰望，神色不在孔子身上。孔子于是就离开了卫国，前往陈国去了。（图十三）

这年夏天，卫灵公死了，他的孙子辄立为国君，这就是卫出公。六月间，赵鞅把流亡在外的卫灵公太子蒯聩接纳到戚地。阳虎让太子蒯聩穿上孝服，

图十三　灵公问阵

又让八个人系着麻戴孝，装扮成是从卫国来接太子回去奔丧的样子，哭着进了戚城，随后就在那里住了下来。冬天，蔡国迁都到州来。这一年是鲁哀公三年，孔子已六十岁了。齐国帮助卫国包围了戚城，是因为卫太子蒯聩在那儿的缘故。还是这一年夏天，鲁桓公、釐公的庙堂起火烧了起来。南宫敬叔去救火。孔子在陈国听到了这个消息，就说："火灾一定在桓公、釐公的庙堂吧？"不久证实，果然。

这一年的秋天，季桓子病重，乘着辇车经过鲁城，感慨地长叹一声说："从前这个国家几乎兴旺了，因为我得罪了孔子，所以没有兴旺起来。"回头又对他的嗣子季康子说："我要是死了，你一定会接掌鲁国的政权；你接掌鲁国的政权后，一定要召回孔子。"过了几天，季桓子死了，季康子继承了他的职位。丧事办完之后，想召回孔子。大夫公之鱼说："从前定公曾经任用过他，没能有始有终，最后被诸侯耻笑。现在你再任用他，如果也不能善终，就会再次招来诸侯的耻笑。"季康子说："那么召谁才好呢？"公之鱼说："一定要召冉求。”于是就派人召回了冉求。冉求准备起身前往，孔子说：“这次鲁国召冉求回去，一定会重用他。”就在这一天，孔子说：“回去吧，回去吧！我家乡的那些弟子志向高远却行事疏阔，为文富有文采，我真不知从何下手来教育他们才好。”子贡知道孔子思念家乡想回去，在送冉求时，叮嘱过他：“你要是被重用了，要想着把老师请回去吧。”

冉求离去之后，第二年，孔子从陈国移居蔡国。蔡昭公准备到吴国去，是吴国召他去的。从前昭公欺骗他的大臣，把国都迁到了州来，这次大夫们担心他又要迁都，公孙翩就在路上把蔡昭公射死了。接着，楚军就来侵犯蔡国。同年秋天，齐景公死了。

第二年，孔子从蔡国前往叶地。叶公问孔子为政的道理，孔子说：“为政的道理在于招纳远方的贤能，使近处的人归服。”有一天，叶公向子路问孔子的情况，子路不回答。孔子听说这件事后，就责备子路说：“仲由啊，你为什么不对他说：他这个人呀，探讨起治国道理来不知疲倦，教导人全不厌烦，发愤学习时忘记了吃饭，快乐时忘记了忧愁，以至于连衰老就要到来也不知道。”

孔子离开楚国的叶地回到蔡国。在路上遇见长沮、桀溺两人并肩耕田，孔子以为他们是隐士，就叫子路前去打听渡口在什么地方。长沮说：“那个拉着马缰的人是谁？”子路回答说：“是孔丘。”长沮又问：“是鲁国的孔丘吧？”子路说：“是的。”长沮说：“那他应该知道渡口在哪里了。”桀溺又问子路：“你是谁？”子路说：“我是仲由。”桀溺说：“你是孔丘的门徒吗？”子路说：“是的。”桀溺说：“天下到处动荡不安，谁能改变这种现状呢？你与其跟着那个逃避乱臣的人四处奔走，还不如跟着我们这些躲避乱世的人呢？”说完，就继续不停地耕田了。子路把此话告诉了孔子，孔子失望地说：“我们不能居住在山林里与鸟兽同群，要是天下太平，我也用不着到处奔走想改变这个局面了。”

有一天，子路一个人行走的时候，遇到一位肩扛农具的老人。子路问他：“您看见过我的老师吗？”老人说：“你们这些人四肢不勤劳，五谷分辨不清，谁是你的老师我怎么会知道？”说完就拄着拐杖拔草去了。事后子路把这些经过告诉了孔子，孔子说：“这是位隐士。”叫子路再到那里看看，老人已经走了。

图十四　颜子从行

孔子迁居到蔡国三年，吴国攻打陈国。楚国救援陈国，军队驻扎在城父。听说孔子住在陈国和蔡国的边境上，楚国便派人去聘请孔子。孔子正要前往楚国接受聘礼，陈国、蔡国的大夫们商议说：“孔子是位有才德的贤人，他所指责讽刺的都切中诸侯的弊病。如今长久地停留在我们陈国和蔡国之间，大夫们的施政、作为都不合仲尼的意思。如今的楚国是个大国，却来聘请孔子。如果孔子在楚国被重用，那么我们陈蔡两国掌权的大夫们可就危险了。”于是派了一些服劳役的人把孔子围困在野外。孔子和他的弟子无法行动，粮食也断绝了。随行的弟子们都饿病了，站都站不起来。孔子却还在不停地给大家讲学，朗诵诗歌、唱歌、弹琴。子路很生气地来见孔子：“君子也有困顿的时候吗？”孔子说：“君子在困窘面前能坚守节操不动摇，人小遇到困窘就会不加节制，什么过火的事情都做得出来。”（图十四）

这时子贡的脸色也变了。孔子说：“赐啊，你认为我是博学强记的人吗？”子贡回答说：“是的。难道不对吗？”孔子说：“不是的。我是用一种基本原则贯穿于全部知识之中啊。”

孔子知道弟子们心中不高兴，便叫来子路问道：“《诗经》上说，不是犀牛也不是老虎，然而它却徘徊在旷野上。难道是我们的学说有什么不对吗？我们为什么会落到这种地步？”子路说：“大概是我们的德行还不够吧？所以人家不信任我们；想必是我们的智谋还不够吧？所以人家不放我们通行。”

孔子说："有这样的话吗？仲由啊，假使有仁德的人必定能使人信任，哪里还会有伯夷、叔齐饿死在首阳山呢？假使有智谋的人就能畅行无阻，哪里会有王子比干被剖心的事情呢？"

子路退出，子贡进来见孔子。孔子对子贡说："赐啊，《诗经》上说：不是犀牛也不是老虎，然而它却徘徊在旷野上。难道是我们的学说有什么不对吗？我们为什么落到这种地步呢？"子贡说："老师的学说博大到极点了，所以天下没有一个国家能容纳老师。老师何不稍微降低一些您的要求呢？"孔子说："赐啊，好的农夫虽然善于耕种，但却不一定有好的收获；好的工匠虽然有精巧的手艺，但他却未必能使人们都称心如意。有修养的人能研修自己的学说，就像网一样，先构出基本的统绪，然后再依次疏理，但不一定被世人所接受。现在你不去研修自己的学说，反而想降格来迎合取容。赐啊，你的志向太不远大了。"

子贡出去之后，颜回进来见孔子。孔子说："回啊，《诗经》上说，不是犀牛也不是老虎，然而它却徘徊在旷野上。难道是我们的学说有什么不对的吗？我们为什么落到这种地步？"颜回说："老师的学说博大到极点了，所以天下没有一个国家能容纳老师。虽然是这样，老师还是要推行自己的学说，不被天下接受又有什么关系呢？不被接受，这样才能表现出君子的本色！一个人不研修自己的学说，那才是自己的耻辱。至于研修的学说不被人所用，那是当权者的耻辱了。不被天下接受又有什么关系呢？不被接受，这样才能显出君子的本色！"孔子听了欣慰地笑着说："是这样的啊，姓颜的小子！假使你有很多钱财，我愿意给你做管家！"孔子于是派子贡到楚国去。楚昭王调动军队来迎接孔子，这才免除了这场灾祸。

楚昭王想把有户籍登记的七百里地方封给孔子。楚国的令尹子西阻止说："大王派往各侯国的使臣有像子贡这样的人吗？"昭王说："没有。"子西又问："大王的左右辅佐大臣有像颜回这样的人吗？"昭王说："没有。"子西又问："大王的将帅有像子路这样的吗？"昭王回答说："没有。"子西再问："大王的主事官员有像宰予这样的人吗？"昭王回答说："没有。"子西接着说："我们楚国的祖先在受周天子分封时，封号是子爵，土地跟男爵相等，方圆五十里。现在孔丘讲述三皇五帝的治国方法，申明周公旦、召公奭辅佐周天子的事业，大王如果任用了他，那么楚国还能世世代代保有方圆几千里的土地吗？想当年文王在丰邑、武王在镐京，作为只有百里之地的君主，最终能统治天下。现在如果让孔丘拥有那七百里土地，再加上那些有才能的弟子辅佐，这可不是楚国的福音啊。”昭王随后就打消了原来的想法。这年秋天，楚昭王死在了城父。（图十五）

楚国的狂人接舆有一天唱着歌走过孔子的车子，说：“凤凰呀，凤凰呀，你的美德为什么这么不景气？过去的不能再挽回，未来的还可以赶得上，算了吧，算了吧！现在从政的人都是很危险的啊！”孔子下了车，想和他谈谈，但他却快步走开了，没能跟他说上话。于是，孔子从楚国返回了卫国。这一年，孔子六十三岁，即鲁哀公六年。（图十六）

第二年，吴国和鲁国在一个叫缯的地方会盟，吴国要求鲁国提供百牢的

图十五　子西沮封

祭品。吴国的太宰嚭召见季康子，季康子就派子贡前往交涉，然后鲁国才纳百牢祭品。

孔子说：“鲁国、卫国的政治情况，如同兄弟一般相似。”这个时候，卫出公辄的父亲蒯聩没有继位做国君，流亡在外，诸侯对此事屡加指责。而孔子的弟子很多在卫国做官，卫出公辄也想请孔子出来执政。子路问孔子说：“卫国想请您出来执政，您打算首先做些什么呢？”孔子回答说：“那我一定首先正名分！”子路说：“有这样的事吗？老师您太迂阔了！为什么要首先正名分呢？”孔子说：“鲁莽啊，仲由！要知道，名分不正，说出的话来就不顺当；说话不顺当，那么事情就办不成；事情办不成，那么礼乐教化就不能兴盛；礼乐教化不兴盛，那么刑罚就不会准确适度，那样的话老百姓就会手足无措。所以，君子办事必须符合名分，说出来的话，一定要切实可行。君子对于他所说出来的话，应该毫不苟且才行啊。”

图十六　楚狂接舆

第二年（公元前 484 年），冉有为季氏统率军队，在郎地同齐国作战，打败了齐国的军队。季康子对冉求说：“您的军事才能，是学来的呢，还是天生的呢？”冉有回答说：“我是从孔子那里学来的。”季康子又问：“孔子是怎样的一个人呢？”冉有回答说：“任用他要符合名分，他的学说不论是传布到百姓中，还是对质于鬼神前，都是没有遗憾的。我对于军事，虽然有功，且封到二千五百户，孔子也会毫不动心的。”康子说：“我想请他回来，可以吗？”冉有说：“您要请他回来，只要不让小人从中阻碍他，就可以了。”当时，卫国大夫孔文子准备攻打太叔，向孔子问计。孔子推辞说不知道，回到住处立即备车离开了卫国，说道：“鸟能选择树木栖息，树木怎能选择鸟呢？”孔文子坚决挽留他，恰好季康子也派来公华、公宾、公林，带着礼物前来迎接孔子，孔子于是就回鲁国去了。

孔子离开鲁国十四年又回到鲁国。鲁哀公向孔子请教为政的道理，孔子回答说：“为政最重要的是选择好大臣。”季康子也向孔子请教为政的道理，孔子说：“要举用正直的人，抛弃奸邪的人，奸邪的人就可以变为正直的人了。”季康子忧虑盗窃，孔子说：“如果您没有贪欲，就是给予奖赏，人们也是不会去偷窃的。”但是鲁国最终也没有重用孔子，孔子也没想出来做官。

孔子的时代，周王室衰微，礼崩乐坏，《诗》、《书》也残缺不全了。孔子探究夏、商、西周三代的礼仪制度，编定了《书传》的篇次，上起唐尧、虞舜之时，下至秦穆公，依照事情的先后，加以整理编排。孔子说：“夏代的礼仪制度我还能讲出来，只是夏的后代杞国没有留下足够证明这些的文献了。殷商的礼仪制度我也能讲出来，只是殷商的后代宋国没有留下足够证明这些制度的文献了。如果杞、宋两国有足够的文献，我就能证明这些制度了。”孔子考察了殷代继承夏代对礼仪制度所作的增减之后说：“将来即使经过一百代，那增减的内容也是可以预知的。因为一种是重视文采，另一种则是重视朴实。周代的礼仪制度是在参照了夏代和殷代的基础上制定的，是那么的丰富多彩呀，我主张用周代的礼仪。”所以，《书传》、《礼记》都是孔子编定的。（图十七）

孔子曾对鲁国的乐官太师说：“音乐是可以通晓的。刚开始演奏的时候

图十七 孔子修诗书图（局部）

要互相配合一致，继续下去是节奏和谐，声音清晰，连续不断，这样直到整首乐曲演奏完成。”孔子又说：“我从卫国返回鲁国之后，就开始订正诗乐，使《雅》、《颂》都恢复了原来的曲调。”古代留传下来的《诗》有三千多篇，到孔子时，他把重复的删掉了，选取其中合乎义的内容用于礼义教化，最早的是追述殷始祖契、周始祖后稷，其次是叙述殷、周两代的兴盛，直到周幽王、周厉王的政治缺失，而开头则是叙述男女夫妇关系和感情的诗篇。所以说:《关雎》这一乐章作为《国风》的第一篇,《鹿鸣》作为《小雅》的第一篇;《文王》作为《大雅》的第一篇;《清庙》作为《颂》的第一篇。三百零五篇诗，孔子都能将其演奏歌唱，以求合于《韶》、《武》、《雅》、《颂》这些乐曲的音调。先王的礼乐制度从此才恢复旧观而得以称述，王道完备了，孔子也完成了被称为六艺的《诗》、《书》、《乐》、《易》、《春秋》的编修。（图十八）

孔子晚年喜欢钻研《周易》，他详细解释了《彖辞》、《锡辞》、《卦》、《文言》等。孔子读《周易》刻苦勤奋，以致把编穿书简的牛皮绳子弄断了多次。他还说：“再让我多活几年，我就能够对《周易》的文辞和义理充分掌握理解了。”（图十九）

孔子用《诗》、《书》、《礼》、《乐》作教材教育弟子，就学的弟子大约

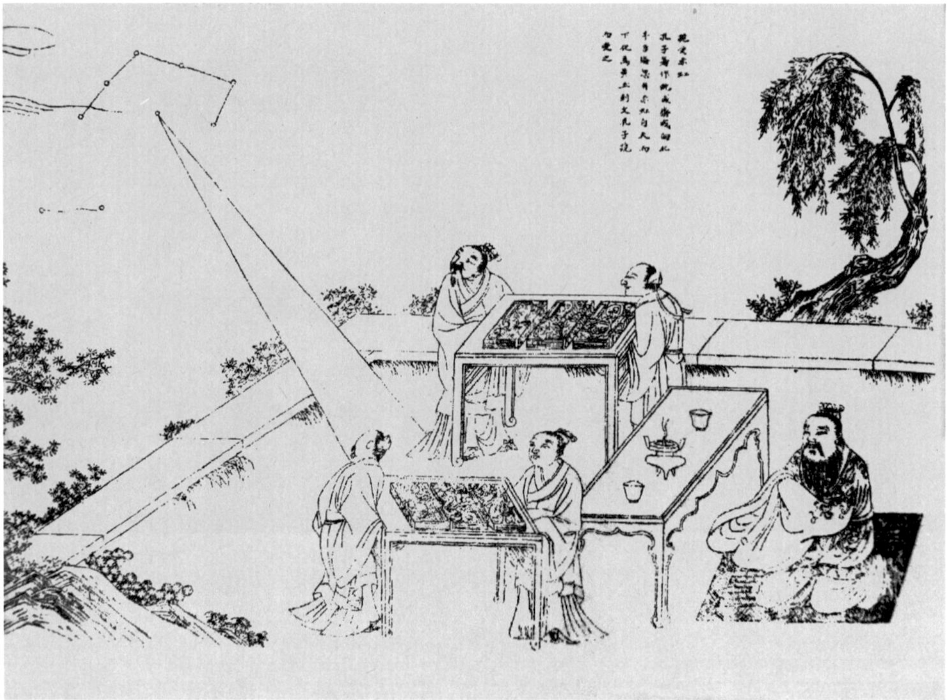


图十八　跪受赤虹

在三千人，其中能精通礼、乐、射、御、数、术这六种技艺的有七十二人。至于像颜浊邹那样的人，多方面受到孔子的教诲却没有正式入籍的弟子就更多了。

孔子教育弟子有四个方面：学问、言行、忠恕、信义。为弟子订四条戒律：不揣测、不武断、不固执、不自以为是。他认为应当特别谨慎处理的是：斋戒、战争、疾病。孔子很少谈到利，如果谈到，就与命运、仁德联系起来。他教育弟子的时候，不到人家真正遇到困难，烦闷发急的时候，不去启发开导他。他指出一个道理，弟子不能触类旁通地推演出相似的道理，他就不再重复讲述了。孔子在自己的乡里，谦恭得像个不善言谈的人。他在宗庙祭祀和朝廷议政这些场合，却能言善辩，言辞明晰而又通达，然而又很恭谨小心。上朝时，与上大夫交谈，态度和悦，中正自然；与下大夫交谈，就显得和乐安详了。

孔子进入国君的公门，低头弯腰，恭敬谨慎，进门后急行而前，恭敬有礼。

图十九　韦编三绝

国君命他迎接宾客，他容色庄重认真。国君召见他，他不等待车驾备好，就动身起行。鱼不新鲜，肉有变味，或不按规矩切割，孔子是不吃的。席位安排不正确，他是不就座的。在有丧事的人旁边吃饭，他从来没有吃饱过。一天内哭泣过，他就不会再歌唱。看见穿孝服的人和盲人，即使是个小孩，他也必定表现出同情的表情。

孔子说：“三个人同行，其中必有可做我老师的人。”又说：“不去修明道德，不去探求学业，听到正直的道理又不前往学习，对缺点错误不能改正，这些是我最忧虑提心的问题。”孔子请人唱歌，要是唱得好，就请人再唱一遍，然后自己也和唱起来。孔子不谈论怪异、暴力、叛乱和鬼神的事情。

子贡曾说过：“老师在文献方面的成绩很显著，我们是知道的。老师讲论天道与人命运的深微见解我们就不知道了。”颜渊感慨地长叹一声说：“我越是仰慕老师的学问，越觉得它无比崇高；越是钻研探讨，就越觉得它坚实深厚。看见它是在前面，忽然间又在后面了。老师善于循序渐进地诱导人，用典籍来丰富我的知识，用礼仪来规范我的言行，使我想停止学习都不可能。已经竭尽了我的才力，我现在也好像有所建树，但老师的学问却依然像山一样高高地立在我的面前。虽然我也想追赶上去，但是不可能追得上。”达巷这个地方的人对我说：“孔子伟大啊，他博学多才却不专一名家。”孔子听到这些话，曾得意地说：“我要专于什么呢？是专于驾车？还是专于射箭？我看还是专于驾车吧。”子牢说：“老师曾说，我没有被世人所用，所以才学会了这许多的技艺。”

鲁哀公十四年（公元前 481 年）的春天，在大野这个地方狩猎。给叔孙氏驾车的钼商猎获了一头怪兽，他们以为这是不祥之兆。可孔子看了后说：“这是麒麟。”于是便将它取走了。孔子说：“黄河上再不见神龙负图出现，洛水上再不见神龟负洛书出现，我也就快要死啦！”颜渊死后，孔子伤心地说：“这是老天要我死呀！”等到他西去大野狩猎见到麒麟，又说：“我的主张到尽头了！”并感慨地说：“没有人能了解我了！”子贡说：“为什么说没有人了解您呢？”孔子回答说：“我不抱怨天，也不怪罪人，下学人事，上通天理，能了解我的，只有上天了吧！”（图二十）

孔子说：“不降低自己的志向，不使自己的人格受到侮辱，只有伯夷、叔齐两人才能做到吧！”又说柳下惠、少连降低了自己的志向，使人格受到了侮辱。又说虞仲、夷逸隐居，不言世务，行为合于清高纯洁，自我废弃，合于权变。又说：“我就跟他们不同了，既不降志辱身以求进取，也不隐居避世脱离尘俗，没有绝对的可以，也没有绝对的不可以。”

孔子曾说过：“不成啊，不成啊！君子最担忧的就是死后没有留下好的名声。我的主张不能实行，我用什么贡献给社会留下好名呢？”于是就根据鲁国的史书作了《春秋》，上起鲁隐公元年（公元前 722 年），下止鲁哀公十四年（公元前 481 年），包括鲁国十二个国君。以鲁国为中心记述，尊奉周王室为正统，以殷商的败亡为借鉴，推而上承夏、商、周的法统，文辞简约而旨意广博。所以吴、楚的国君自称为王的，在《春秋》中仍被称为子爵；晋文公在践土与诸侯会盟，实际上是召周襄王入会的，而《春秋》中却避讳

图二十　西狩获麟

说周天子巡狩来到河阳。依此类推，《春秋》就是用这一原则来褒贬当时的各种事件，后来的国君加以推广开来，使《春秋》的义法在天下通行，天下那些乱臣奸贼就都害怕起来了。

孔子任司寇审理诉讼案件时，文辞上有可与别人商榷的时候，他从不独自决断。到了写《春秋》时就不同了，应该写的一定写上去，应当删的一定删掉，就连子夏这些长于文字的弟子，一句话也不能给他增删。弟子们学习《春秋》，孔子说："后人了解我将因为《春秋》，后人怪罪我也将因为《春秋》。"

第二年，子路死在了卫国，孔子也生病了。子贡前来看望他，却看到孔子正拄着拐杖在门口散步，说："赐啊，你为什么来得这样迟啊？"说着话，孔子不觉伤感起来，随即唱道："泰山就要倒了！梁柱就要断了，哲人就要死了！"他边唱边流下了眼泪。对子贡说："天下失去正道已经很久了，没有人能奉行我的主张。夏人死了停棺在东厢的台阶上，周人死了停棺在西厢的台阶上，殷人死了停棺在堂屋的两柱之间。昨天晚上我梦见自己坐在两柱之间受人祭奠，我原本就是殷人啊。”过了七天，孔子就死了。（图二十一）

孔子享年七十三岁，死在鲁哀公十六年（公元前 479 年）四月的己丑日。鲁哀公为他作了一篇悼词说：“老天爷不够仁慈啊，不肯留下这样一位老人，扔下我孤零零一人在位，我孤独而又伤痛啊！是多么痛！尼父啊，没有人再可以作为我学习的楷模了！”子贡说：“鲁君他难道不想终老在鲁国吗？老师说过：‘礼法丧失就会昏乱，名分丧失就会产生过失。丧失了意志就会昏乱，失去依托就会出现过错。’老师活着的时候不能用他，等到他死后作祭文哀悼他，这不合礼法。以诸侯身份称‘余一人’，也不合名分啊。”

孔子死后葬在鲁城北面的泗水岸边，弟子们为他服丧三年。三年心丧完毕，大家道别离去时，都相对而哭，各尽其哀；有的就留在了当地。只有子贡在墓旁搭了一间小房子住了下来，守墓守了六年，然后才离去。（图二十二）弟子及鲁国的人，相率前往墓旁居住的有一百多家，因而就把这里

图二十一　梦殡两楹

图二十二　心丧庐墓

命名为孔里。鲁国世世代代相传，每年都定时到孔子墓前祭拜，而儒生们也在这里讲习礼仪，并举行饮酒礼，以及比赛射箭等仪式。孔子的墓地有一顷大。孔子故居的堂屋以及弟子们所居住的内室，后来就改成庙，借以收藏孔子生前穿过的衣服，戴过的帽子，使用过的琴、车子、书籍等，直到汉代，二百多年间没有废弃。高皇帝刘邦经过鲁地，曾用牛羊猪三牲俱全的太牢祭祀孔子。诸侯、卿大夫来到此地，常是先去拜谒孔子墓，然后才去就职处理政务。

孔子生孔鲤，字伯鱼。伯鱼享年五十岁，死在孔子之前。伯鱼生孔伋，字子思，享年六十二岁。曾经受困于宋国。子思作了《中庸》。子思生孔白，字子上，享年四十七岁。子上生孔求，字子家，享年四十五岁。子家生孔箕，字子京，享年四十六岁。子京生孔穿，字子高，享年五十一岁。子高生孔慎，享年五十七岁，曾经做过魏国的相。子慎生孔鲋，享年五十七岁，做过陈胜王的博士，死在陈这个地方。孔鲋的弟弟叫子襄，享年五十七岁。曾经做过汉孝惠皇帝的博士，后被提升为长沙郡的太守。身高九尺六寸。子襄生孔忠，享年五十七岁。忠生孔武，武生延年和安国。安国做了当今孝武皇帝的博士，官至临淮郡太守，寿短早死。安国生孔卬，卬生孔驩。（图二十三）

太史公司马迁评论说，《诗》中有这样的话："像高山一般令人瞻仰，像大道一般让人遵循。"我虽然不能达到这种境界，但是心里却向往着他。我读孔子的著作，可以想见到他的为人。到了鲁地，参观了孔子的庙堂、车辆、衣服、礼器，目睹了读书的学生们按时到孔子旧宅中演习礼仪的情景。我怀着崇敬的心情徘徊留恋不愿离去。自古以来，天下的君王以及贤

图二十三 孔子遗像

人也够多的了，当他们活着的时候都显贵荣耀，可等到他们死去后就什么也没有了。孔子只是一个平民，可他的名声和学说已经流传了十几代，读书的人仍然推崇他为宗师。从天子王侯一直到全国谈论六艺的人，都把孔子的学说作为判断是非的最高准则，可以说，孔子的确是至高无上的圣人了。

# 附录二　孔子事迹简编

**公元前 551 年，周灵王二十一年，鲁襄公二十二年**

夏历八月廿七日，孔子生于鲁国陬邑昌平乡（今山东省曲阜城东南尼山附近。今尼山下有“坤灵洞”，传说为孔子诞生地）。

**公元前 549 年，周灵王二十三年，鲁襄公二十四年　三岁**

孔子的父亲叔梁纥去世，葬于防（今曲阜县东二十五里处之防山，今称梁公林）。孔子的母亲颜征在携孔子移居曲阜阙里定居。

**公元前 546 年，周灵王二十六年，鲁襄公二十七年　六岁**

孔子在母亲颜征在的教育下，自幼好礼，“为儿嬉戏，常陈俎豆，设礼容”，演习礼仪。

**公元前 537 年，周景王八年，鲁昭公五年　十五岁**

孔子始志于学。鲁国改三军为四军，叔孙、孟孙各领一军，季孙领二军。当时军、赋统一，分军即分赋，所以当时称此举为“四分公室”。

**公元前 535 年，周景王十年，鲁昭公七年　十七岁**

孔母颜征在卒，此后不久，季氏宴请贵族，孔子赴宴，被季氏家臣阳虎拒之门外。

**公元前 533 年，周景王十二年，鲁昭公九年　十九岁**

孔子娶宋女亓官氏为妻。

**公元前 532 年，周景王十三年，鲁昭公十年　二十岁**

孔子生子，因鲁昭公以鲤鱼赐孔子，所以取名鲤，字伯鱼。这一年孔子开始任委吏（管仓库的小吏）。

**公元前 531 年，周景王十四年，鲁昭公十一年　二十一岁**

孔子改做乘田吏（管理牛羊畜牧的小吏）。《孟子・万章下》说：孔子尝为委吏矣，曰：会计当而已矣。尝为乘田矣，曰：牛羊茁壮长而已矣。

**公元前 523 年，周景王二十二年，鲁昭公十九年　二十九岁**

孔子学琴于师襄子（一说此为鲁昭公十七年事，今从《阙里志》）。

**公元前 522 年，周景王二十三年，鲁昭公二十年　三十岁**

孔子自称从此开始，他已奠定了治学、做人、为政等坚实的学问德业基础。另据《史记》记载，这年前后，他开始创办平民教育，收徒讲学。在最早的弟子中，比较知名的有颜路（颜回的父亲）、曾点（曾参的父亲）、子路等人。齐景公与晏婴访问鲁国，景公问孔子秦穆公何以能称霸，孔子回答说他善于用人。

**公元前 518 年，周敬王二年，鲁昭公二十四年　三十四岁**

孟僖子将死，嘱其二子孟懿子与南宫敬叔向孔子学礼。孟僖子卒，孟懿子与南宫敬叔拜孔子为师。不久，孔子得到鲁昭公的支持，与南宫敬叔适周都洛阳，观周朝文物制度，拜见了老聃与苌弘，学礼，学乐，收获极大。

**公元前 517 年，周敬王三年，鲁昭公二十五年　三十五岁**

鲁昭公率师攻伐季孙氏，季孙、孟孙、叔孙三家联合反抗昭公，昭公兵败奔齐。孔子因鲁乱带弟子适齐，路经泰山，遇一妇人哭诉亲人被虎咬死仍不愿离开此地时，不由发出“苛政猛于虎”的慨叹。到齐国后为高昭子家臣，借以进见齐景公。

**公元前516年，周敬王四年，鲁昭公二十六年　三十六岁**

孔子在齐，齐景公问政于孔子，孔子对曰：“君君，臣臣，父父，子子。”齐景公欲以尼溪之田封孔子，但因晏婴阻挠，没有成功。与齐太师语乐，听到《韶》乐三月不知肉味。

**公元前515年，周敬王五年，鲁昭公二十七年　三十七岁**

孔子在齐，因齐大夫扬言欲害孔子，齐景公也对孔子说：“吾老矣，弗能用也。”于是孔子自齐返鲁国。

**公元前507年，周敬王十三年，鲁定公三年　四十五岁**

孔子在鲁。邾庄公卒，邾隐公即位，将冠，使人问冠礼于孔子。

**公元前506年，周敬王十四年，鲁定公四年　四十六岁**

孔子在鲁。曾率孔鲤与部分弟子观鲁桓公庙宥坐之欹器，提出：“聪明圣智，守之以愚；功破天下，守之以让；勇力抚世，守之以怯；富有四海，守之以谦；此所谓挹而损之之道也。”

**公元前505年，周敬王十五年，鲁定公五年　四十七岁**

孔子在鲁。修《诗》、《书》、《礼》、《乐》，以教弟子。季平子家臣阳虎专鲁政，欲见孔子，孔子不见。阳虎劝孔子出仕，孔子口头答应，但终不仕。

**公元前502年，周敬王十八年，鲁定公八年　五十岁**

孔子在鲁。公山不狃使人召孔子，孔子欲往，因子路反对而未成行。

**公元前 501 年，周敬王十九年，鲁定公九年　五十一岁**

孔子在鲁。任中都（今山东省汶上县西）宰，卓有政绩，治理一年，四方则之。

**公元前 500 年，周敬王二十年，鲁定公十年　五十二岁**

孔子在鲁。由中都宰升小司空，由小司空升大司寇，摄相事。夏，鲁定公与齐景公会于夹谷（今山东省莱芜市南），孔子以大司寇身份为定公相礼，齐君敬畏，遂定盟约，并将侵占的郓、讙、龟阴等地归还鲁国以谢过。

**公元前 499 年，周敬王二十一年，鲁定公十一年　五十三岁**

孔子在鲁。为鲁大司寇，鲁国大治。

**公元前 498 年，周敬王二十二年，鲁定公十二年　五十四岁**

孔子在鲁。为鲁国大司寇，子路为季氏宰，孔子为了削弱私家以强公室，向鲁定公建议:“家不藏甲，邑无百雉之城，今三家（三桓）过制，请皆损之。”将堕三都。

**公元前 497 年，周敬王二十三年，鲁定公十三年　五十五岁**

鲁国得治，齐国畏惧。齐欲败鲁政，于是选美女八十人，文马二十四驷馈鲁君。鲁君臣荒于女色，怠于政事，孔子很失望，于是去鲁适卫，开始了十四年访问诸侯列国的活动。孔子到卫后，居住在卫都帝丘（今河南省滑县）子路妻兄颜浊邹家。卫灵公按照孔子在鲁国的待遇给予俸禄。后卫灵公听信谗言，监视孔子，于是孔子便在这一年的十月离开卫前往陈国。在过匡地（今河南省长垣县境）时，匡人误认孔子为阳虎，围困孔子。后经蒲地（也在长垣县境），适逢公叔氏欲起事，又被围困。孔子与蒲人订盟，返回卫都，住在蘧伯玉家。

**公元前 496 年，周敬王二十四年，鲁定公十四年　五十六岁**

孔子回到卫都，曾见卫灵公夫人南子，子路不悦；灵公与南子还让孔子为次乘招摇过市。

**公元前 493 年，周敬王二十七年，鲁哀公二年　五十九岁**

孔子在卫。见卫灵公不能用他，喟然叹曰：“苟有用我者，期月而已，三年有成。”卫灵公问陈于孔子，孔子说：“俎豆之事则尝闻之，军旅之事未之学也。”由此，决计离卫西去，投奔晋国赵简子。走到黄河边，听说赵简子杀害了两个贤人，不由得临河而叹，返回卫国，然后又去了曹国和宋国。在前往宋的路途上，曾与弟子习礼于桧树之下，宋司马桓魋欲害孔子，派人把大树砍倒了。孔子微服而行，逃到郑国，郑国也没有接待他，只好取道前往陈国。

**公元前 489 年，周敬王三十一年，鲁哀公六年　六十三岁**

孔子在陈。因吴伐陈，楚来救，陈国大乱，孔子离陈过蔡地去往楚国，在陈蔡间被困，绝粮七日。子路等由于屡遭挫折，对孔子之道产生了怀疑，只有颜回认识到孔子道大，不为当时所容，是有国者之丑。孔子为有颜回这样的弟子感到高兴。

孔子在路上连续遇到当时的一些隐士，如长沮、桀溺、荷蓧丈人和楚狂接舆等的嘲讽，桀溺劝子路跟他们一道做避世之人。孔子说：“鸟兽不可与同群，吾非斯人之徒而谁与？天下有道，丘不与易也。”表示了为改变天下无道局面的决心。孔子到负函，与叶公见面，叶公曾问政于孔子。楚昭王欲重用孔子，使使奉币来聘，将以书社地七百里封孔子，由于楚令尹子西的阻拦，此议遂止。

**公元前 488 年，周敬王三十二年，鲁哀公七年　六十四岁**

孔门弟子多仕于卫，要求孔子返卫，孔子便返回卫国。夏，鲁哀公与吴人会于鄫（今山东省峄县境内），吴向鲁索取牛、羊、猪各一百头为祭品。子贡以周礼说服了吴人，维护了鲁国的尊严。

**公元前 485 年，周敬王三十五年，鲁哀公十年　六十七岁**

孔子在卫。夫人亓官氏卒。

**公元前 484 年，周敬王三十六年，鲁哀公十一年　六十八岁**

春，齐师伐鲁，孔子弟子冉求为季氏将左师，与齐军战于鲁郊，克之。季康子问他是怎样学会作战的，冉求遂荐孔子于季氏。季康子派公华、公宾、公林以币迎孔子归鲁。至此，孔子结束了访问列国诸侯十四年颠沛流离的生活。

孔子返鲁后，鲁哀公问政，孔子曰："政在选臣。"又问："何为则民服？"孔子回答说："举直错诸枉，则民服；举枉错诸直，则民不服。"季康子问政，孔子说："政者正也，子帅以正，孰敢不正？"季康子欲行"田赋"，即将军费改按田亩征税，使冉求问孔子，孔子曰："若不度于礼，而贪冒无厌，则虽以田赋，将又不足。"季氏不听。

**公元前 483 年，周敬王三十七年，鲁哀公十二年　六十九岁**

孔子在鲁。曾与鲁太师（乐官）论乐。儿子伯鱼卒。

**公元前 481 年，周敬王三十九年，鲁哀公十四年　七十一岁**

孔子在鲁，作《春秋》。春，管山林的人大野捕获一只怪兽，据说是麟，孔子说："吾道穷矣！"于是绝笔，停止了修《春秋》。颜回死，孔子哭之恸，曰："噫！天丧予！天丧予！"六月，齐国的陈恒（又叫田成子）杀死齐简公，孔子弟子宰予死于难。

**公元前 480 年，周敬王四十年，鲁哀公十五年　七十二岁**

孔子在鲁。冬，卫有政变，蒯聩逐其子出公而自立，是为卫庄公。孔子弟子子路此时为卫大夫孔悝的邑宰，死于难，孔子恸甚。

**公元前 479 年，周敬王四十一年，鲁哀公十六年　七十三岁**

周历四月十一日（即夏历二月十一日）孔子寝疾七日而殁，葬于鲁城（今曲阜）北泗上。鲁哀公诔之。

# 附录三　孔子箴言

## 道 德

**富而可求也，虽执鞭之士，吾亦为之。如不可求，从吾所好。**（《论语·述而》）

如果富贵合乎于道就可以去追求，虽然是给人执鞭的下等差事，我也愿意去做。如果富贵不合于道就不必去追求，那就还是按我的爱好去做事吧。

**饭疏食饮水，曲肱而枕之，乐亦在其中矣。不义而富且贵，于我如浮云。**（《论语·述而》）

吃粗粮，喝冷水，弯着胳膊当枕头，乐趣就在这其中了。用不正当的手段得来的富贵，对于我来讲就像是天上的浮云一样。

**志于道，据于德，依于仁，游于艺。**（《论语·述而》）

君子应该志向在道上，根据在德上，依靠在仁上，而在礼仪、音乐、射箭、驾车、文字、算术这六艺之中研习游乐来陶冶身心。

**君子坦荡荡，小人长戚戚。**（《论语·述而》）

君子胸怀坦荡，做事光明磊落，所以不会有忧愁；小人心理阴暗，做事龌龊，所以经常忧愁。

**不患人之不己知，患不知人也。**（《论语・学而》）

不怕别人不了解自己，就怕自己不了解别人。

**富与贵，是人之所欲也，不以其道得之，不处也；贫与贱，是人之所恶也，不以其道得之，不去也。君子去仁，恶乎成名？君子无终食之间违仁，造次必于是，颠沛必于是。**（《论语・里仁》）

富裕和显贵是人人都想要得到的，但不用正当的方法得到它，就不要去享受它；贫穷与低贱是人人都厌恶的，但不用正当的方法去摆脱它，就不要去摆脱的。君子如果离开了仁德，又怎么能叫君子呢？君子没有一顿饭的时间背离仁德的，就是在最紧迫的时刻也必须按照仁德办事，就是在颠沛流离的时候，也一定会按仁德去办事的。

**君子之于天下也，无适也，无莫也，义之与比。**（《论语・里仁》）

君子对于天下的人和事，没有固定的厚薄亲疏，只是按照义去做罢了。

**见贤思齐焉，见不贤而内自省也。**（《论语・里仁》）

见到贤人就要向他看齐，见到不贤的人，就应该在内心自我反省，看看有没有他那样的毛病。

**君子喻于义，小人喻于利。**（《论语・里仁》）

君子懂得的是道义，小人明白的只有利益。

**君子欲讷于言而敏于行。**（《论语・里仁》）

君子说话要谨慎，行动要果断迅速。

**古者言之不出，耻躬之不逮也。**（《论语・里仁》）

古时候的人言论不肯轻易出口，是因为他们认为单单说得出而自身做不到是可耻的。

**质胜文则野，文胜质则史。文质彬彬，然后君子。**（《论语·雍也》）

一个人的质朴要是超过他的文采，就未免有些粗野；如果文采要是超过他的质朴，又未免有些浮华。只有文采和质朴兼具，那才称得上大雅君子。

**人之生也直，罔之生也幸而免。**（《论语·雍也》）

人能够问心无愧地活在世上，是因为他正直；不正直的人也能活在世上，那是因为他侥幸地避免了祸害。

**知者乐水，仁者乐山。知者动，仁者静。知者乐，仁者寿。**（《论语·雍也》）

聪明的人喜欢水，有仁德的人喜欢山。聪明的人活跃，有仁德的人沉静。聪明的人生活快乐，有仁德的人容易长寿。

**知之者不如好之者，好之者不如乐之者。**（《论语·雍也》）

对于学问和事业，懂得它的人不如喜爱它的人，而喜爱它的人又不如从中深感快乐的人。

**夫仁者，己欲立而立人，己欲达而达人。能近取譬，可谓仁之方也已。**（《论语·雍也》）

仁德的人，自己想成功首先使别人也能成功，自己想被人理解，首先会去理解别人。如果能够推己及人，也就做到了“仁”。

**仁者不忧，知者不惑，勇者不惧。**（《论语·宪问》）

仁德的人不会忧虑，智慧的人不会迷惑，勇敢的人不会惧怕。仁者不忧虑，是因为仁者乐天知命，内省无疚，所以才能无忧无虑；智慧者不迷惑，是因为智慧者明于事理，洞达因果，所以才能够不迷惑；勇毅者不畏惧，是因为勇毅者折冲御侮，一往直前，所以能够无畏无惧。

**不逆诈，不亿不信，抑亦先觉者，是贤乎！**（《论语·宪问》）

不事先怀疑别人的欺诈，也不随意猜测别人的不诚实，然而却又能及早地察觉，这才是贤人啊！

**君子不以言举人，不以人废言。**（《论语·卫灵公》）

君子不因为一个人有几句正确言论就推荐他，也不因为一个人品德不好就舍弃他的正确言论。

**志士仁人，无求生以害人，有杀身以成仁。**（《论语·卫灵公》）

只有志向远大的人、有仁德之人，才不会贪生怕死而损害仁德，才肯勇于牺牲自己来维护仁德。

**巧言乱德。小不忍则乱大谋。**（《论语·卫灵公》）

花言巧语会败坏道德。遇到小事不能忍耐，就会扰乱了大事。

**君子求诸己，小人求诸人。**（《论语·卫灵公》）

君子严格要求自己，小人苛刻要求别人。

**过而不改，是为过矣。**（《论语·卫灵公》）

如果一个人有了错误而不改正，这才是真正的错误呢。

**君子有九思：视思明，听思聪，色思温，貌思恭，言思忠，事思敬，疑思问，忿思难，见得思义。**（《论语·季氏》）

君子要有九种考虑：看到的时候要思考是否看明白了，听的时候要考虑是否听清楚了，待人接物的脸色要考虑是否温和，容貌态度要考虑是否恭敬，说话要考虑是否诚恳，办事要考虑是否认真慎重，遇到疑难问题要考虑如何向别人请教，怨怒发作前要考虑将引起的后果，看到名利时要考虑得到它是否合乎道义。

**益者三乐，损者三乐。乐节礼乐，乐道人之善，乐多贤友，益也。乐骄乐，乐佚游，乐宴乐，损矣。**（《论语·季氏》）

有益的快乐有三种，有害的快乐也有三种。以得到礼乐的调节为快乐，以赞扬别人的长处为快乐，以多交贤能的朋友为快乐，这是有益的快乐。以傲慢自大为快乐，以无所事事的游荡为快乐，以过度的宴饮为快乐，这都是有害的。

**君子有三戒：少之时，血气未定，戒之在色；及其壮也，血气方刚，戒之在斗；及其老也，血气既衰，戒之在得。**（《论语·季氏》）

君子一生有三件事情应该警惕：青少年时期血气还未养成，要警惕不可迷恋女色；到了壮年时期血气旺盛，要警惕不可争强好胜；等到年纪变老，血气已经衰退，要警惕不可贪得无厌。

**君子耻其言而过其行。**（《论语·宪问》）

君子认为说得多而做得少是可耻的。

**邦有道，危言危行；邦无道，危行言孙。**（《论语·宪问》）

国家政治清明，那么说话和行为都要表现出正直；国家政治黑暗，那么行为要表现正直，而说话要谨慎随和。

**其言之不怍，则为之也难。**（《论语·宪问》）

他说的话大言不惭，而要他实际做起来就很难了。

**无欲速，无见小利。欲速则不达，见小利则大事不成。**（《论语·子路》）

做事情不要想着速成，更不要贪图小利。想求速成，反而达不到目的，贪图小利，就办不成大事。

**恭而无礼则劳，慎而无礼则葸，勇而无礼则乱，直而无礼则绞。君子笃于亲，则民兴于仁，故旧不遗，则民不偷。**（《论语·阳货》）

如果行为只是恭敬而不以礼来指导，就会徒劳无功；只是谨慎而不以礼来指导，就会畏缩拘谨；只是勇猛而不以礼来指导，就容易说话尖刻。在上位的人如果能厚待自己的亲属，老百姓当中就会兴起仁爱的风气；君子如果不遗弃老朋友，老百姓就不会对人冷漠无情了。

**子绝四：毋意，毋必，毋固，毋我。**（《论语·子罕》）

孔子杜绝四种毛病：不凭空臆测，不绝对肯定，不拘泥固执，不自以为是。

**法语之言，能无从乎？改之为贵。巽与之言，能无说乎？绎之为贵。说而不绎，从而不改，吾末如之何也已矣。**（《论语·子罕》）

听到合乎原则的话能不接受吗？而接收之后能改正错误才是可贵的。听到顺从自己的话能不高兴吗？而高兴之后能分析鉴别才是可贵的。盲目高兴而不加分析，或表面接受而实际上不改变，对于这种人，我实在没有办法啊。

## 好　学

**学而时习之，不亦乐乎？有朋自远方来，不亦乐乎？人不知而不愠，不亦君子乎！**（《论语·学而》）

对学习所得的知识按时去温习它，不是很高兴的事情吗？有志同道合的朋友从远方来到，不是很快乐的事情吗？别人不理解自己，自己也不怨怒，难道不是个有修养的君子的作为吗？

**三人行，必有我师焉。择其善者而从之，其不善者而改之。**（《论语·述而》）

有几个人一起走路，其中一定有值得我看作老师的人。我选择他们的优点供自己学习，看到他们的缺点就马上检讨自己，加以改正。

**德之不修，学之不讲，闻义不能徙，不善不能改，是吾忧也。**（《论语·述而》）

有许多人对品德不去修养，学问不去讲求，听到义不能实际去做，做了错误的事情却不能改正，这些都是我所忧虑的事情。

**君子食无求饱，居无求安，敏于事而慎于言，就有道而正焉，可谓好学也已。**（《论语·学而》）

君子在饮食上不要求饱足，居住上不要求安逸，做事勤快，说话谨慎，主动向有道德的人学习，从而改正自己的不足，这样就可以说是好学的人了。

**好仁不好学，其蔽也愚；好知不好学，其蔽也荡；好信不好学，其蔽也贼；好直不好学，其蔽也绞；好勇不好学，其蔽也乱；好刚不好学，其蔽也狂。**（《论语·阳货》）

爱好仁德而不爱好学习，它的弊病是容易受人愚弄；爱好智慧而不爱好学习，它的弊病是容易行为放荡；爱好诚信而不爱好学习，它的弊病是容易危害亲人；爱好直率却不爱好学习，它的弊病是容易说话尖刻；爱好勇敢却不爱好学习，它的弊病是容易犯上作乱；爱好刚强却不爱好学习，它的弊病是容易狂妄自大。

**博学于文，约之以礼，亦可以弗畔矣夫。**（《论语·颜渊》）

广泛地学习文化典籍，再用礼仪加以自我约束，言行就不至于产生偏离了。

**视其所以，观其所由，察其所安。人焉廋哉？人焉廋哉？**（《论语·为政》）

观察一个人的所作所为，考察他所走过的道路，了解他的心情、爱好，那么这个人的真实面目怎么隐藏得住呢？怎么能隐藏得住呢？

**学而不思则罔，思而不学则殆。**（《论语·为政》）

只是一味读书而不知思考，就容易受欺骗；只是一味思考而不去读书，仍然不能解除疑惑。

**学如不及，犹恐失之。**（《论语·泰伯》）

做学问要有急迫感，就像追赶什么东西唯恐赶不上那样，而赶上了又怕失掉。

**生而知之者，上也；学而知之者，次也；困而学之，又其次也；困而不学，斯为下矣。**（《论语·季氏》）

生来就知道的人，是上等人；通过学习才知道的人，次一等；遇到困难才去学习的人，又次一等；遇到困难也不学习，这种人是最下等的了。

**士而怀居，不足以为士矣。**（《论语·宪问》）

读书人如果留恋安逸的生活，就不配做读书人了。

**古之学者为己，今之学者为人。**（《论语·宪问》）

古时的人学习是为了提高自己，现在的人学习是为了装饰自己给别人看。

## 交 友

**暴虎冯河，死而无悔者，吾不与也。必也，临事而惧，好谋而成者也。**（《论语·述而》）

赤手空拳和老虎搏斗，不用船只而趟过大河，这种死了都不后悔的人，我不同他共事。同我共事的人，一定是遇事谨慎小心，喜欢动脑子想点子来办成事情的人。

**君子周而不比，小人比而不周。**（《论语·为政》）

君子团结但不搞帮派，小人搞帮派但不团结。

**可与共学，未可与适道；可与适道，未可与立；可与立，未可与权。**（《论语·子罕》）

可以同在一起学习的人，未必能一起通向真理；可以一起通向真理的人，未必能共同坚守真理；可以一起坚守真理的人，未必都能做到通权达变。

**益者三友，损者三友。友直，友谅，友多闻，益矣。友便辟，友善柔，友便佞，损矣。**（《论语·季氏》）

有益的朋友有三种，有害的朋友也有三种。结交正直的朋友，诚信的朋友，知识广博的朋友，是有益的。结交谄媚逢迎的人，结交表面奉承而背后诽谤人的人，结交善于花言巧语的人，都是有害的。

**可与言而不与之言，失人。不可与言而与之言，失言。知者不失人，亦不失言。**（《论语·卫灵公》）

有的人很谨慎，说话生怕得罪他人，明知道自己该提醒对方注意，却迟迟不肯开口，这样的人容易犯失人的错误；有人天生一副热心肠，对谁的问题都爱过问，这样的人常常犯了失言的错误。明智的人说话注意分寸，所以既不犯失人的错误，也不犯失言的错误。

**君子矜而不争，群而不党。**（《论语·卫灵公》）

君子庄重而不会与人争执高下，可以与人和睦相处，却不会拉帮结派。

**道不同，不相为谋。**（《论语·卫灵公》）

没有共同的理想抱负，就不要在一起谋划事情。

## 为 政

**道之以政，齐之以刑，民免而无耻。道之以德，齐之以礼，有耻且格。**（《论语・为政》）

用政治手段来引导他们，用刑罚来约束他们，人民就只求免于犯罪，而不会有廉耻之心；用道德来引导他们，用礼教来约束他们，人民就会不但有廉耻之心，而且还会衷心归顺。

**临之以庄，则敬；孝慈，则忠；举善而教不能，则劝。**（《论语・为政》）

你对待百姓的事情严肃认真，他们对待你也会恭敬起来。你孝顺父母，慈爱幼小，他们也会对你尽心竭力了。你任用贤能的人，教育行为不好的人，他们就会互相劝勉了。

**众恶之，必察焉；众好之，必察焉。**（《论语・卫灵公》）

观察人和事，即使大家都讨厌他，自己也不要随便附和，一定要实际考察一下；即使大家都喜欢他，也一定要实地考察一下。如此才能客观真实。

**不教而杀谓之虐，不戒视成谓之暴，慢令致期谓之贼，犹之与人也，出纳之吝，谓之有司。**（《论语・尧曰》）

对老百姓不经教化便加以杀戮，就叫做虐；不加告诫便要求成功，就叫做暴；起先懈怠而突然加以限期，就叫做贼；同样是给人财物，却出手吝啬，就叫做小气。

**君子惠而不费，劳而不怨，欲而不贪，泰而不骄，威而不猛。**（《论语・尧曰》）

君子给百姓好处却不浪费，让百姓辛勤工作却无怨恨，有欲望却不贪图钱财，安泰矜持却不骄傲自大，威武严肃却不凶猛可怕。

# 译注后记

《观照孔夫子——圣迹全图赏析》即将付梓，回想多年来学习孔子事迹的经历，略赘数语如次。

我最早接触孔子事迹，还是在上小学期间。那时全国各地掀起了轰轰烈烈的批林批孔政治运动，作为毛主席他老人家的红小兵和好学生，怀着无产阶级的朴素感情，义不容辞地要参与其中，呼口号、写作文，都会将老夫子作为批判对象。然而当时只知道孔老二是个开历史倒车、阻碍历史进步的反动人物，至于如何反动、如何开历史倒车，却是不求甚解。此后念大学，读研究生，学的都是中国古代史专业，自然躲不开这个在两千多年历史中被视为“圣人”和“万世师表”，而在新社会曾经一度被“千夫所指”的老先生的思想和言行，自然也读了一点《论语》、《孟子》之类的篇章。再后来参加工作，做专业学术杂志和出版社编辑工作，又先后参与编辑包括《论语》在内的《元典文化丛书》，以及《人物中国》等图书，也不得不认真阅读和了解孔夫子的思想和言行。

随着阅读的深入，对孔子身处礼崩乐坏、诸侯争霸的春秋时代，倡导礼制和仁政，毅然耗时 14 年，历尽艰辛、周游列国宣传自己的政治主张，以及“有教无类”的教育思想，“因材施教”的教育实践，以及其两千多年来对中国社会方方面面的深刻影响，不得不产生由衷的敬佩。西汉史家司马迁写《史记》时，怀着“高山仰止，景行行止”的敬佩之情，创设《孔子世家》等篇章，并做出“可谓至圣矣”的评价。清代康熙皇帝写《至圣先师孔子赞》，评价这位没有封王拜侯的“素王”时，也有“行道者勋业炳于一朝，明道者教思周于百世。尧舜文武之后不有孔子，则学术纷淆，仁义湮塞，斯道之失传也久矣。后之人而欲探二帝三王之心法，以为治国平天下之准，其奚所取衷焉！然则孔子之为万古一人也审矣”的感叹，其敬仰之情也是溢于言表。今人读《论语》、《春秋》，读写《史记·孔子世家》，也不能不产生出共鸣来。

在这样的认知下，也就有了想写一本小册子，通过简洁的语言，向年轻的朋友们介绍一下这位“至圣先师”思想和事迹的冲动。然而真正要动手时，却又颇为犹豫、踌躇。原因就在于，历代以来，研究孔子事迹的大家众多，名篇叠出，肤浅愚钝如我，自然很是心虚。幸运的是，故宫出版社筹划出版清代乾隆年间军机大臣于敏中手绘进呈本《圣迹全图》，并邀我作译注工作。由于此项工作针对图画内容而言，并不需要系统、全面介绍孔子事迹，难度相对较小，又可满足自己多年来表彰先贤的愿望，自然是求之不得。

由于《圣迹全图》是以图画的形式介绍孔子的传说和事迹，只能是只鳞片爪，为了让读者在有限的时间里，对孔子有个相对全面的了解，本书也整理和翻译了司马迁的《史记·孔子世家》，以及《孔子事迹简编》、《孔子箴言》附录于后，希望读者诸君谅解我之苦心，不以累赘责我。

东耳

2013年7月

## 书名的故事 ——致读者的一封信

亲爱的读者：

您好！

当您读到此页的时候，我们的新书之旅也将告一段落，是否还有意犹未尽之感呢？那最后就让我们分享一下书名的故事吧。

2012 年底，遵照社领导的指示，我们宫廷历史编辑室主导策划了一套丛书，即将故宫博物院图书馆藏内府珍本中有关皇帝、皇子教育方面的经典教材整理汇编，精美图片原版影印，文字部分在句读的基础上加以白话注释。书目有了，但书名一直悬而未决。年终开选题会的时候，社长一句“皇帝的课本”，让我们一解多日的忧愁，思路豁然开朗。

循着这样的思路，我们开始了对“课本”的编排工作，以赏析的方式对《御注道德经》、《圣迹全图》、《帝鉴图说》、《养正图解》、《元王恽承华事略补图》进行了点读、注释。一天上午，我社多才可爱的程同根主任来访，说道：“皇帝的课本，课本应该是语文、数学等等性质的。‘承华事略赏析’，对于普通读者，好多人可能不知道‘承华事略’是什么书啊？你们应该改一下书名，和丛书名结合起来。”程老师的话启发了我们，说想就想，每位责任编辑根据所负责图书的内容拟定书名，一个一个新的想法迸发出来，可就是没有让人眼前一亮的感觉，激烈的讨论从早上一直持续到中午。我们编辑室冯印淙主任带着任务去“外界”寻求支援，本书的美术编辑王梓也给我们出谋划策，可还是没有让人满意的结果。王梓说：“先吃饭吧，边吃边聊，没准能想出来呢。”带着一丝惆怅，我们奔向了餐厅，但却食之无味。突然，“养正图解”的责任编辑艾珊歌灵机一动，说这个行不行：“养正，养正，今天，你养正了吗？”我们齐声欢呼：“好！没准这还成流行语了呢！”思路由此打开，火花由此迸发，根据每本书的内容，再结合一些朗朗上口的有趣表达，“皇帝是这样炼成的”、“加油吧太子”、“观照孔夫子”、“当顺治遇上老子”等一个个既新颖又切实的书名呈现出来！

当我们把这些书名报告给社领导的时候，得到了社领导的肯定与表扬。一天下来，大家虽然身体感觉很疲劳，但心情是愉悦的，应该说这是一次出版理念的解放，一次集体智慧的迸发，一次突破传统的尝试。用书名拉近与读者的距离只是一种方式，把这套丛书中传统文化的精髓和古典雅致的图像奉献给读者才是我们的真正目的，希望您因此体验醇厚的内容。也许读过内容，您能体会到我们所拟定书名的妙意。为现代读者开启轻松阅读中国古代传统文化的门户，并达到亲切互动，这是我们的出版理念，也是我们一直追求的目标。

说到这里，真的要和亲爱的读者说声再见了，此时作为责编的我们，心情还是非常忐忑，不知您是否喜欢我们这种传统与现代的碰撞，喜欢我们这种文字与图片的呈现方式……如果您有任何意见或建议，请与我们微博互动，我们的新浪微博是：@故宫出版社宫廷历史编辑室。我们期待与各位读者的深入交流。

此致

敬礼！

宫廷历史编辑室

2013年7月

图书在版编目（CIP）数据

观照孔夫子：圣迹全图赏析／（清）于敏中绘；东耳译注.— 北京：故宫出版社，2013.8
（皇帝的课本）
ISBN 978-7-5134-0440-2

Ⅰ.①观… Ⅱ.①于… ②东… Ⅲ.①孔丘（前551～前479）—生平事迹—图集 Ⅳ.①B222.2-64

中国版本图书馆CIP数据核字(2013)第184936号

国家古籍整理出版
专项经费资助项目

**皇帝的课本**

**观照孔夫子**——圣迹全图赏析

绘　　者：（清）于敏中
译　　注：东　耳
责任编辑：杨付红
装帧设计：王　梓
出版发行：故宫出版社
地址：北京市东城区景山前街4号　邮编：100009
电话：010-85007808　010-85007816　传真：010-65129479
网址：www.culturefc.cn
邮箱：ggcb@culturefc.cn
制版印刷：北京方嘉彩色印刷有限责任公司
开　　本：787毫米×1092毫米　1/16
印　　张：11.75
版　　次：2013年8月第1版
2013年8月第1次印刷
印　　数：1～5000册
书　　号：ISBN 978-7-5134-0440-2
定　　价：40.00元